Jakob Stilling

Anlin-Farbstoffe als Antiseptica und ihre Anwendung in der Praxis

Jakob Stilling

Anlin-Farbstoffe als Antiseptica und ihre Anwendung in der Praxis

ISBN/EAN: 9783743429628

Hergestellt in Europa, USA, Kanada, Australien, Japan

Cover: Foto ©ninafisch / pixelio.de

Manufactured and distributed by brebook publishing software (www.brebook.com)

Jakob Stilling

Anlin-Farbstoffe als Antiseptica und ihre Anwendung in der Praxis

ANILIN-FARBSTOFFE ALS ANTISEPTICA

UND

IHRE ANWENDUNG IN DER PRAXIS

VON

Dr. J. STILLING
PROFESSOR AN DER UNIVERSITÄT STRASSBURG.

ZWEITE MITTHEILUNG.

STRASSBURG
VERLAG VON KARL J. TRÜBNER
1890.

Einleitendes.

Die Basis der ganzen vorliegenden Arbeiten besteht in der den Botanikern schon lange bekannten Thatsache, dass Anilinfarbstoffe die Pflanzenzelle schädigen und vernichten können. Für grössere Pflanzen ist dies von Pfeffer nachgewiesen, wie in dem Folgenden von meinem Mitarbeiter Dr. Wortmann ausführlich dargelegt ist.

Dass aber auch auf Bacterien die Anilinfarbstoffe dieselbe Wirkung ausüben, ist mir erst durch meine bei de Bary, dessen Schüler gewesen zu sein ich noch das Glück gehabt habe, gemachten Studien bekannt geworden. Ich fasste schon damals den Gedanken und sprach ihn meinem Lehrer gegenüber aus, diese fundamentale Thatsache medicinisch zu verwerthen.

Allgemein bekannt, wie ich in meiner ersten Mittheilung irrthümlicher Weise angenommen habe, war indessen diese Thatsache nicht, weder Bacteriologen, noch weniger Aerzten. Den Letzteren ist sie jedenfalls nur sehr vereinzelt bekannt gewesen. Cornil und Babes[1] erwähnen, dass auf gewisse Bacterien Methylviolett einen stark bewegungshemmenden Einfluss hat, machen aber nur die Bemerkung: «Le mouvement de certaines bactéries s'arrête quelques secondes ou

---

[1] Les Bactéries, 3. Aufl., T. I, S. 76.

quelques minutes après qu'elles ont été teintes par les couleurs d'aniline», ohne daran weitere Reflexionen oder gar den Gedanken einer practischen Anwendung zu knüpfen.

Penzoldt[1]) war dies Verhalten offenbar ganz unbekannt, da er sagt: «Es war vielleicht eine etwas oberflächliche Gedankenverbindung, denjenigen Farbstoffen, welche zur Färbung der Spaltpilze in mikroskopischen Präparaten so vorzüglich geeignet sind, auch eine bacterienfeindliche Wirkung zuzutrauen», und am Schluss seiner Mittheilung: «Sehr wahrscheinlich ist es von vorneherein gerade nicht, dass Stoffe von solcher Färbekraft je practisch verwendbar sind», obgleich die Versuche, die er durch Dr. Beckh hat anstellen lassen, eine antiseptische Wirkung gewisser Anilinfarbstoffe darthaten.

Ausser mir selbst scheint daher jene grundlegende Thatsache nur Kremianski bekannt gewesen zu sein, dessen Originalarbeit mir nicht zugänglich gewesen ist. In der «Lancet» vom 5. Juli d. J. steht gelegentlich eines Referates über meine erste Mittheilung aber Folgendes: «As is well known, Professor Kremianski of Charkoff has for some years advocated the employment of aniline as an inhalation in phthisis because of its great microbicidal power. He continues to practise this method with considerable success, and has just published a fresh brochure on the subject in which he details an interesting recent case in which, he states, it proved most beneficial, and he describes a new and more convenient form of inhaler. His methods have hitherto found but little general favour, it having been stated by some observers that the inhalation of aniline was very dangerous.

---
[1]) Archiv für exper. Pathol. und Pharmak. von Naunyn und Schmiedeberg, Januarheft 1890.

Dr. Kremianski has, however, always denied this, declaring that aniline, if pure, is practically non-poisonous» etc. etc.

Kremianski wäre demnach der Erste gewesen, dem die Thatsache bekannt und der auch den Gedanken gehabt, sie practisch nutzbar zu machen, was ich im Interesse der historischen Gerechtigkeit hier feststellen will.

Die ersten genaueren Versuche, die ich über die antiseptische Wirkung der Anilinfarbstoffe machte, bezogen sich auf pathogene Bacterien, auf die Coccen der Osteomyelitis und den Staph. pyogenes aureus. Die antibactericlle Wirkung der violetten Anilinfarbstoffe an sich war bereits Thatsache und es handelte sich zunächst nur um die Feststellung der Concentration, um Entwickelungshemmung auf resp. in gefärbten Nährböden und Abtödtung der pathogenen Organismen zu bewirken. Die an diese Versuche geknüpften physiologischen Experimente sowie die therapeutischen Versuche bestätigten sehr rasch alle a priori auf jene erste grundlegende Thatsache basirten Voraussetzungen.

Dies Alles war aber noch nicht genügend, um die Sache in das Practische zu übersetzen. In Gemeinschaft mit Dr. Wortmann wurde eine grosse Reihe von Versuchen gemacht, die einmal dazu bestimmt waren, die allgemeinen antiseptischen Wirkungen der Anilinfarbstoffe klar zu legen, ferner vor Allem aus der grossen Zahl von solchen Stoffen, in specie aus der Zahl der sogenannten Methylviolette diejenigen herauszusuchen, welche die stärkste antibactericlle Wirkung, dabei aber die grösste Difffusionsfähigkeit und endlich die geringste Reizwirkung auf den thierischen Körper und das menschliche Auge zeigen. Solche Stoffe müssen chemisch rein sein und dürfen nicht etwa beliebige Gemenge aus verschiedenen blauen oder violetten Stoffen darstellen. Es ist daher ein grosser Unterschied, ob man solche Stoffe nur bacteriologisch oder auch zugleich physiologisch und therapeutisch prüft. Was die antiseptische Wirkung anlangt, so können zwei Präparate völlig gleich sein, aber das eine kann schädliche Beimengungen enthalten, die heftige Reizerscheinungen bedingen.

Der Name Pyoktanin bezeichnet daher ganz bestimmt ausgewählte Körper, welche aus der grossen Reihe der Methylviolette und Auramine durch sorgfältige Untersuchungen erst ausgeschieden worden sind, nachdem sich bereits durch eine andere lange Untersuchungsreihe gezeigt hatte, dass die übrigen Farbstoffe, wie Safranin, Fuchsin, Rhodamin, Vesuvin etc. und selbst viele Methylviolette entweder ungenügender antibacterieller oder schlechter physikalischer Eigenschaften halber zu minderwerthig waren, um medicinische Verwendung zu finden.

Für diese zweite Mittheilung war es, da die Versuche eine immer grössere Ausdehnung annehmen, wie die weiteren Mittheilungen, welche die in jeder Richtung fortgesetzten Versuche zu bringen bestimmt sind, zeigen sollen, nicht mehr thunlich, die botanischen Arbeiten gemeinsam fortzusetzen. Abgesehen von der gemeinsamen Feststellung der Versuchsanordnung und der gelegentlich nothwendigen gegenseitigen Assistenz ist daher der botanische Theil von Dr. Wortmann ausgearbeitet, und zwar in erster Linie die Fragen von allgemeinerem Interesse berücksichtigend. Von besonderer Wichtigkeit scheint mir das von Wortmann entdeckte Verhalten des Pyoktanins gegen ungeformte Fermente zu sein. Ich selbst habe diejenigen bacteriologischen Parallelversuche gemacht, die das speciell medicinische Interesse mir auferlegte.

I. Botanischer Theil.

Von

Dr. Julius Wortmann,
Privatdocent der Botanik in Strassburg i. E.

———

Nachdem in der ersten Mittheilung von Stilling und mir eine Reihe von Versuchen angegeben wurden, die zunächst nur den Zweck hatten, in aller Kürze die Thatsache bekannt zu machen, dass wir in den Anilinfarben Stoffe besitzen, deren entwickelungshemmende Eigenschaft für Bacterien und Schimmelpilze ganz hervorragend ist[1]), will ich jetzt die bacterienfeindliche Wirkung der Anilinfarben etwas eingehender behandeln und eine ausführlichere Darstellung der von mir angestellten Versuche und Beobachtungen geben, die, wie ich glaube, auch noch einiges Licht werfen auf die in hohem Grade bemerkenswerthe eigenthümliche Art und Weise der Einwirkung der Anilinfarben auf die lebende Zelle.

Ich theile zunächst die Versuche, wie sie angestellt wurden, mit, um dann zusammenfassend die Resultate und deren Tragweite zu besprechen. Es mag noch bemerkt werden, dass in allen Versuchen, wo es nicht

—

[1]) Eine schlagende Bestätigung dieser vorläufigen Versuche hat inzwischen Dr. Jänicke, «Ein Beitrag zur Kenntniss des Pyoktanin», Fortschritte der Medicin, No. 12 vom 15. Juni 1890, gebracht.

besonders angegeben ist, die nach eingehender Prüfung aus einer sehr grossen Zahl von Anilinfarben ausgewählten bestwirkenden und reinen Stoffe benützt wurden, welche von der Firma E. Merck in Darmstadt als Pyoktaninum caeruleum und Pyoktaninum aureum geliefert werden.

In allen Fällen, in denen bisher von medicinischer Seite Stoffe auf ihre event. antiseptischen Eigenschaften untersucht wurden, hat man sich, und es ist das ja auch ganz naheliegend, als Prüfungsobjecte, abgesehen vom Bacillus subtilis, der pathogenen Mikroorganismen — Milzbrand, Eitercoccen, Typhusbacillen, Choleraspirillen etc. — bedient und gefunden, dass, falls die angewendeten Stoffe überhaupt antiseptisch waren, dieselben auf die verschiedenen Arten der pathogenen Bacterien eine, je nach der angewendeten Concentration, ganz verschiedene Wirkung zeigten: die pathogenen Bacterien erwiesen sich dem zu prüfenden Mittel gegenüber verschieden resistent. Diese Methode, die verschiedenen pathogenen Organismen als Testobjecte zu benützen, hat ohne Zweifel den Vortheil, dass man gleich ein sicheres Urtheil gewinnt über die Feinheit der Wirkung des Antisepticums gegenüber solchen Bacterien, die überhaupt in der Praxis eine Rolle spielen; sie hat aber den grossen Nachtheil, dass man Zahlen für die wirksame Concentration des Mittels findet, welche für die practische Anwendung des letzteren sicher viel zu niedrig sind.

Wir gingen daher schon in der ersten Mittheilung von der Ansicht aus, dass es zum allgemeinen Nachweis der antiseptischen Eigenschaften eines Körpers rationeller ist, zur Prüfung solche Bacterien zu wählen, welche sich durch ihre Resistenz in besonderem Maasse auszeichnen. Gelingt es, mit einem Mittel die resistentesten Bacterien in ihrer Entwickelung aufzuhalten resp. sie zu tödten, so kann man sicher sein, dass die hierbei angewendete Concentration vollkommen ausreichend ist zur Vernichtung aller übrigen Bacterienarten, seien sie pathogen oder nicht.

Welches sind nun die resistentesten Bacterien? Ganz offenbar diejenigen, welche überall vorkommen und welche mit jedem nur überhaupt möglichen Substrat vorlieb nehmen. Das sind nun aber gerade nicht die pathogenen Bacterien, Cholera-, Typhusbacillen, Milzbrand etc., welche entweder nur einem bestimmten Nährboden ganz speciell angepasst sind, oder doch mehr oder weniger grosse Ansprüche an ihr Substrat stellen. Diejenigen Bacterien, welche überall vorkommen, wo überhaupt ein nicht CO_2 assimilirender Organismus sich entwickeln kann, sind die unter dem Collectivnamen Bacterium Termo zusammengefassten Bacterienarten, die gewöhnlichen Fäulnissbacterien. Sie sind das Unkraut unter den Bacterien. Gelingt es, dieses Unkraut zu vernichten, so kann man von vornherein sicher sein, auch die edleren, d. h. die speciellen Nährböden angepassten Bacterien mit demselben Mittel erfolgreich zu bekämpfen, ganz gleichgültig, ob sich die einzelnen Arten der letzteren dem Mittel gegenüber verschieden verhalten oder nicht.

Obige Erwägungen haben mich bestimmt, bei der Prüfung der Anilinfarbstoffe auf ihre event. antiseptischen Eigenschaften in erster Linie die überall vorkommenden Fäulnissbacterien zu verwenden, um eben Concentrationen des Mittels zu erhalten, die zur Vernichtung resp. zur Entwicklungshemmung aller anderen, weniger anspruchslosen, Bacterien sicher ausreichend sind. Dass diese Ueberlegungen richtig waren, werden die anzuführenden Versuche ziffernmässig beweisen. Erst in zweiter Linie sind einige pathogene Bacterien herangezogen worden. Ich habe aber auch ausserdem noch Schimmelpilze in den Kreis der Untersuchung gezogen, um zu zeigen, dass die antiseptischen Eigenschaften der Anilinfarbstoffe ganz allgemeiner Natur sind und sich nicht blos auf die Bacterien beschränken.

Ueber die entwicklungshemmenden Eigenschaften der Anilinfarbstoffe.

Die bereits in der ersten Mittheilung angedeuteten Versuche, in denen Fleischstückchen in Farbstofflösungen verschiedener Concentration der eventuellen spontanen Fäulniss überlassen wurden, sollen hier noch einmal, um ein möglichst genaues Bild von der fäulnisshemmenden Eigenschaft der Anilinfarbstoffe zu geben, und zwar mit ausführlicher Angabe des Protokolls wiedergegeben werden.

Von den Farbstoffen wurden Lösungen hergestellt in der Concentration 1 : 1000 (d. h. 1 gr. Farbstoff in 1000 cbcm. Wasser gelöst), 1 : 2000, 1 : 4000, 1 : 8000, ev. 1 : 16000 und, bei schwächer wirkenden Stoffen, noch Concentrationen von 1 : 500. Von jeder Lösung wurden 50 cbcm. in ein Glaskölbchen gebracht und ein Stückchen rohes Rindfleisch hinzugefügt. Ausserdem wurde eine Controlcultur von Fleisch in gewöhnlichem Wasser angesetzt, die aber jedesmal gleich nach den ersten 24 Stunden stinkende Fäulniss aufwies und im Folgenden nicht weiter angeführt werden soll. Sämmtliche Culturen kamen in den Wärmschrank in eine Temperatur von 30° C.

Geprüft wurden von mir auf diese Weise nach und nach über 50 verschiedene, aber stets reine, Anilinfarbstoffe, die zu dem Resultate führten, dass die verschiedenen Stoffe sich in Bezug auf Fäulnisshemmung recht different verhalten. Ich unterlasse es, jeden einzelnen Versuch anzuführen, sondern ich will aus der grossen Zahl nur einige herausgreifen, und zwar nur mit Methylvioletten und Auraminen angestellte, um das verschiedene Verhalten der einzelnen Stoffe darzulegen.

Methylviolett A,

zeigt nach 24 Stunden bei mikroskopischer Prüfung in der Lösung

1 : 8000 im Gesichtsfelde hin und wieder einzelne, ungefärbte Bacterien. Lösung ohne Fäulnissgeruch,

1 : 4000 ganz vereinzelte, schwach gefärbte Bacterien; ohne Fäulnissgeruch,

1 : 2000
1 : 1000 } ohne Bacterien;

nach weiteren 24 Stunden:

1 : 8000 mässig viel Bacterien, davon viele tief gefärbt, die meisten aber farblos. Die Lösung zeigt ganz schwachen Fäulnissgeruch,

1 : 4000 mässig viel Bacterien, die meisten tief gefärbt, andere farblos; ohne Fäulnissgeruch,

1 : 2000
1 : 1000 } ohne Bacterien;

nach weiteren 24 Stunden:

1 : 8000 Fäulniss, d. h. intensiver Fäulnissgeruch, viel Bacterien, von denen die meisten ungefärbt sind,

1 : 4000 mässig viel Bacterien, von denen etwa die Hälfte ungefärbt ist; ganz schwacher Fäulnissgeruch,

1 : 2000 wenig Bacterien, die meisten tief gefärbt, andere ungefärbt; ohne Fäulnissgeruch,

1 : 1000 ohne Bacterien;

nach weiteren 24 Stunden:

1 : 4000 wie am Tage vorher,

1 : 2000 mässig viel Bacterien, die meisten tief gefärbt; ganz schwacher Fäulnissgeruch,

1 : 1000 ohne Bacterien.

Methylviolett B.

Nach 48 Stunden:

1 : 16000 } Fäulniss,
1 : 8000 }

1 : 4000 viel Bacterien, etwa die Hälfte derselben tief gefärbt, sonst farblos; schwacher Fäulnissgeruch,

1 : 2000 mässig viel Bacterien, die meisten tief gefärbt; ohne Fäulnissgeruch,

1 : 1000 hin und wieder ein Stäbchen, meist tief gefärbt;

nach weiteren 48 Stunden:

1 : 4000 Fäulniss,

1 : 2000 viel Bacterien, die meisten tief gefärbt; Fäulnissgeruch,

1 : 1000 wenig Bacterien, meist tief gefärbt; ohne Fäulnissgeruch;

nach weiteren 48 Stunden:

1 : 2000 Fäulniss,

1 : 1000 mässig viel Bacterien, meist tief gefärbt; ganz schwacher Fäulnissgeruch.

Methylviolett C.

Nach 48 Stunden:

1 : 16000 mässig viel Bacterien, die meisten farblos, viele tief gefärbt; schwacher Fäulnissgeruch,

1 : 8000 Bacterienbefund wie 1 : 16000, aber ohne Fäulnissgeruch,

1 : 4000 hin und wieder ein meist tief gefärbtes Stäbchen; ohne Fäulnissgeruch,

1 : 2000 ⎱ ohne Bacterien;
1 : 1000 ⎰

nach weiteren 48 Stunden:

1 : 16000 ⎱ Fäulniss,
1 : 8000 ⎰

1 : 4000 wenig Bacterien, zum grossen Theil tief gefärbt, sonst farblos; geringer Fäulnissgeruch,

1 : 2000 hin und wieder ein tief gefärbtes Stäbchen; ohne Fäulnissgeruch,

1 : 1000 ohne Bacterien;

nach weiteren 48 Stunden:

1 : 4000 Fäulniss,

1 : 2000 wenig Bacterien, meist tief gefärbt; ganz schwacher Fäulnissgeruch,

1 : 1000 ohne Bacterien.

Methylviolett D.

Nach 48 Stunden:

1 : 16000 viel Bacterien, einige tief gefärbt, die meisten farblos; mässiger Fäulnissgeruch,

1 : 8000 mässig viel Bacterien, einzelne Stäbchen tief gefärbt, die meisten ganz schwach gefärbt, einige farblos; ohne Fäulnissgeruch,

1 : 4000 ⎫
1 : 2000 ⎬ ohne Bacterien;
1 : 1000 ⎭

nach weiteren 48 Stunden:

1 : 16000 } Fäulniss,
1 : 8000

1 : 4000 hin und wieder ein vereinzeltes, stark gefärbtes Stäbchen; ohne Fäulnissgeruch,

1 : 2000 } ohne Bacterien;
1 : 1000

nach weiteren 48 Stunden:

1 : 4000 mässig viel Bacterien, viele gefärbt, die meisten farblos; ganz schwacher Fäulnissgeruch,

1 : 2000 } ohne Bacterien;
1 : 1000

nach weiteren 48 Stunden:

1 : 4000 Bacterienbefund wie vorher,

1 : 2000 } ohne Bacterien.
1 : 1000

Im Vergleiche zu den Violetten wirken die Auramine viel schwächer, zeigen aber immerhin noch eine recht bemerkenswerthe Entwickelungshemmung.

Auramin I.

Nach 48 Stunden:

1 : 4000 } Fäulniss,
1 : 2000

1 : 1000 mässig viel Bacterien, meist tief gefärbt; Fäulnissgeruch,

1 : 500 ohne Bacterien;

nach weiteren 48 Stunden:

1 : 1000 Fäulniss,

1 : 500 ohne Bacterien;

nach weiteren 48 Stunden:

1 : 500 ohne Bacterien.

Auramin II.

Nach 24 Stunden:

1 : 8000 wenig Bacterien, meist tief gefärbt; ohne Fäulnissgeruch,

1 : 4000 hin und wieder einzelne, ungefärbte Stäbchen; ohne Fäulnissgeruch,

1 : 2000
1 : 1000 } ohne Bacterien;
1 : 500

nach weiteren 24 Stunden:

1 : 8000 viel Bacterien, meistens ungefärbt; schwacher Fäulnissgeruch,

1 : 4000 mässig viel Bacterien, die meisten tief gefärbt; ganz schwacher Fäulnissgeruch,

1 : 2000 Befund wie bei 1 : 4000,

1 : 1000 mässig viel Bacterien, wenige ungefärbt; ohne Fäulnissgeruch,

1 : 500 ohne Bacterien;

nach weiteren 24 Stunden:

1 : 8000
1 : 4000 } Fäulniss,

1 : 2000 viel Bacterien, die meisten farblos; schwacher Fäulnissgeruch,

1 : 1000 mässig viel Bacterien, wenige ungefärbt; ohne Fäulnissgeruch,

1 : 500 ohne Bacterien;

nach weiteren 24 Stunden:

1 : 2000 Fäulniss,
1 : 1000 viel Bacterien, die meisten tief gefärbt; mässiger Fäulnissgeruch,
1 : 500 ohne Bacterien;

nach weiteren 24 Stunden:

1 : 1000 Befund wie am Tage vorher,
1 : 500 ebenso.

Diese Versuche zeigen zunächst einmal, dass wir in den Anilinfarben Körper vor uns haben, deren entwickelungshemmende Eigenschaften selbst für die resistentesten Bacterien noch sehr bemerkenswerthe sind, denn wie die Prüfung des Methylviolett D zeigt, wirkt bei im Uebrigen für die Bacterienentwickelung sehr günstigen Bedingungen eine Concentration von 1 : 4000 im Verlauf von 4 Tagen noch so energisch, dass nur sehr wenig Bacterien überhaupt aufgekommen sind, selbst nach 8 Tagen ist bei dieser Concentration immer noch relativ sehr schwache Entwickelung zu constatiren. Länger lassen sich solche Versuche indessen nicht gut ausdehnen, weil allmählich in den Lösungen so viel Farbstoff niedergeschlagen wird, dass dieselben dadurch verdünnter und in Folge dessen auch weniger wirksam werden. Immerhin aber lehren die Versuche, dass in Concentrationen von 1 : 2000 jegliche Bacterienentwickelung dauernd verhindert ist. Auch die viel schwächer wirkenden Auramine sind immerhin noch von bemerkenswerther Wirkung, denn das Auramin II wirkt in Concentrationen von 1 : 4000—1 : 2000 noch stark entwickelungshemmend und lässt in der Concentration 1 : 500 keine Bacterien mehr aufkommen.

Aber die Versuche ergeben noch andere sehr bemerkenswerthe Resultate. Wie aus den mitgetheilten Befunden ersichtlich ist, zeigen einzelne Proben nach Verlauf von einiger Zeit Bacterien, von denen einige, oft die meisten, tief gefärbt, andere schwächer gefärbt, wieder andere ganz ungefärbt erscheinen. Man sieht so im Gesichtsfeld des Mikroskops Bacterien in den verschiedensten Stadien der Färbung auf einmal vor sich. Die an den Fleischstückchen haftenden, gleich bei Beginn des Versuches in die Lösungen eingebrachten Bacterien färben sich offenbar und werden dadurch in ihrer Entwickelung aufgehalten, allein die Färbung erfolgt in diesen Fällen doch nicht schnell und intensiv genug, um die Entwickelung vollständig zu unterdrücken; daher bleibt diesen Bacterien immer noch Zeit, sich zu theilen. Die älteren Zellen nehmen allmählich so viel Farbstoff auf, dass ihnen die Fähigkeit, sich zu theilen, genommen wird und sie schliesslich absterben.

In verdünnteren Lösungen dauert es natürlich länger, bis die nöthige Quantität Farbstoff aufgespeichert ist, daher sieht man denn auch, wie es die Versuche lehren, in solchen Lösungen viel mehr ungefärbte als gefärbte und zum Theil schon abgestorbene Zellen, während in concentrirteren Lösungen die Zahl der tiefer gefärbten Zellen überwiegt. Es geht aus alledem hervor, dass die Färbung an sich noch kein Criterium für den eingetretenen Tod der Zelle ist, sondern dass auch gefärbte Zellen noch eine Zeit lang sich am Leben erhalten und — es hängt das ganz von Zeit und Concentration ab — sich eventuell noch theilen können. Ist die Concentration der angewandten Lösung dagegen eine genügend starke, so erfolgt die Speicherung des Farbstoffes so schnell, dass jede Weiterentwickelung unterdrückt wird und die Zelle bald zu Grunde geht. Es stimmen diese Befunde in allen Punkten überein mit den von Pfeffer über die Aufnahme von Anilinfarbstoffen in die Zellen der höheren Pflanzen gemachten Erfahrungen[1]; denn wie Pfeffer ins einen Versuchen fand, haben viele Anilinfarben die Fähigkeit, in die lebende Zelle einzudringen, um hier entr weder im Zellsaft oder im Protoplasma selbst, oder in beiden zugleich, gespeichert zu werden. Allein es gehen diese Vorgänge nur dann ohne Schädigung der Zelle ab, wenn der Eintritt des Farbstoffes in die Zelle nur ganz allmählich geschieht, d. h. wenn man äusserst verdünnte Lösungen anwendet[2]) und wenn ferner die Zelle nicht zu lange gefärbt bleibt, sondern man dafür sorgt, dass nach einiger Zeit der

[1] Pfeffer, Ueber Aufnahme von Anilinfarben in lebende Zellen. Untersuchungen aus dem Botan. Institut in Tübingen, Bd. II, 1886.

[2] Die von Pfeffer verwendeten Lösungen waren, entsprechend dem leichten Durchdringen derselben durch die Zellmembran, sehr verdünnt. «Bei Verwendung von Pflanzen, deren Zellwände leichteres Eindringen gestatteten, enthielt die Lösung gewöhnlich nicht mehr als 0,001 % des Farbstoffes, sehr häufig war aber die Lösung noch verdünnter und Lösungen, welche 0,0001 % Farbstoff (also 1 Theil in 1 Million Flüssigkeit) enthielten, kamen nicht selten zur Anwendung. Das verhältnissmässig wenig giftige Methylenblau schädigt doch den Protoplasmakörper, sofern es leicht Zutritt findet, bei längerer Einwirkung schon in 0,01 % Lösung, ja tödtet z. B. Spirogyra communis in solcher Concentration nach einigen Stunden. Unter gleichen Umständen ist aber z. B. Methylviolett in hohem Grade giftig und schädigt selbst bei einem Gehalt von 1 Theil in 1 Million Wasser die meisten Pflanzen nach kürzerer oder längerer Zeit.» (l. c., S. 184.)

Die von mir mit Methylenblau angestellten Versuche sind ganz den Pfeffer'schen entsprechend, insofern ich fand, dass Methylenblau viel weniger antiseptisch wirkt, als Methylviolett.

aufgespeicherte Farbstoff — durch Ueberbringen der Zelle in reines Wasser — wieder abgegeben werden kann.

Dass es bei der Anwendung von Methylviolett viel höherer Concentrationen bedarf, um die Zellen der resistenten Fäulnissbacterien so schnell zu tingiren, dass sie dadurch in der Entwickelung gehindert resp. abgetödtet werden, als sie zur Schädigung resp. Abtödtung der Zellen höherer Pflanzen nothwendig sind, hat seinen Grund einmal darin, dass die Zellen der höheren Pflanzen dem Farbstoff bei seinem Eindringen eine viel grössere Oberfläche darbieten, in Folge dessen in der Zeiteinheit viel mehr Farbstoff in die Zelle hineindiffundiren kann, zum andern Theil aber auch darin, dass die Membranen, speciell der Fäulnissbacterien, für den Farbstoff zum Theil schwer permeabel sind, jedenfalls viel weniger als die Membranen der Zellen der höheren Pflanzen und auch die der pathogenen Bacterien; denn wenn man manche Fäulnissbacterien, z. B. die in faulenden Kartoffeln oder Bohnen auftretenden, in $1^0/_{00}$ Lösung von Methylviolett bringt, so sieht man zwar nach wenigen Augenblicken die grösste Anzahl der Bacterien gefärbt, einige Zellen aber bleiben selbst einige Stunden lang ohne jede bemerkbare Färbung.

Wenn nun, wie aus obigem Versuche zu schliessen ist, gefärbte Bacterien unter Umständen noch sich theilen können, und wenn, wie aus Pfeffer's Versuchen hervorgeht und wie ich nachher ebenfalls an Bacterien zeigen werde, tief gefärbte und in ihren Functionen sicherlich stark behinderte Zellen durch Ueberbringung in ein anderes Medium den gespeicherten Farbstoff allmählich abgeben können und dann wieder normal weiter vegetiren, so liegt in diesem Verhalten, wie ich glaube, ein Fingerzeig für die Art und Weise der Einwirkung der Anilinfarben auf die lebende Zelle, insofern die Abschwächung, resp. Tödtung der Zelle wohl nicht auf chemischem Wege, d. h. durch Verbindung des eingedrungenen Farbstoffes mit dem Protoplasma, sondern vielmehr auf mechanischem Wege erfolgt. Es mag dieser wichtige Punkt hier nur angedeutet sein; ich werde nachher noch auf denselben zurückkommen und ihn etwas eingehender, unter Beibringung anderer Thatsachen, beleuchten.

Die eingangs von mir gemachten Erörterungen zeigten, dass wir in den gewöhnlichen Fäulnissbacterien resistentere Formen vor uns haben, als in den pathogenen Bacterien, und dass erstere daher zur Abschwächung resp. Tödtung höhere Concentrationen erfordern als letztere. Ich lasse jetzt einige Versuche mit Eitercoccen (Staphylococcus pyogenes aureus) folgen, welche das Gesagte durchaus bestätigen werden.

Die Versuche wurden in folgender Weise angestellt: Je 60 ccm. einer Nährlösung (Dextrose — Pepton — Fleischextract, mit Na_2CO_3 neutralisirt) wurden mit Methylviolett (Pyokt. caeruleum, Merck) versetzt derart, dass in den verschiedenen Nährlösungen der Farbstoff in einer Concentration von a) 1 : 1 Million, b) 1 : Hunderttausend, c) 1 : Zehntausend, d) 1 : Fünftausend war. Diese Nährböden wurden mit Staphylococcus pyogenes aureus geimpft, gleichzeitig mit diesen wurde eine Controlcultur von nicht mit Farbstoff beschickter Nährlösung angesetzt. Die Culturen verweilten im Wärmschrank, bei 30° C.

Schon nach 24 Stunden zeigte sich das sehr auffallende Resultat, dass, während in der Controlcultur der Coccus sich vorzüglich entwickelt hatte (1 Tropfen der Cultur entnommen erwies sich als dicht erfüllt mit den Coccen), in allen Farbstoff enthaltenden Culturen von einer Entwickelung des Coccus nichts zu bemerken war. Selbst die mit dem Farbstoff in der Concentration von nur 1 : 1 Million beschickte Culturflüssigkeit, welche ihren Farbstoffgehalt dem Auge eben noch zu erkennen gab, zeigte keinerlei Entwickelung[1]. Auch nach Verlauf von 12 Tagen waren noch sämmtliche, mit Farbstoff versetzte Culturen wie vorher, d. h. von einer Entwickelung war in keinem Falle etwas zu bemerken.

Versuche dieser Art sind bereits, in Anregung durch unsere erste Mittheilung, von Jänicke, und zwar mit dem gleichen Resultate, angestellt worden. Jänicke fand (l. c., S. 461 ff.) eine Entwickelungshemmung des Staphylococcus bei noch viel geringeren Concentrationen der zugefügten Farbstofflösung als der von mir überhaupt angewandten. «Während das Controlglas schon nach 12 Stunden üppiges Wachsthum zeigte, ging das Glas 1 : 6000000 nach 24 Stunden, das Glas 1 ; 4000000 nach 9 Tagen an, das Glas 1 : 2000000[2]) und die übrigen Gläser blieben klar und liessen im hängenden Tropfen keine Coccen erkennen.» Analoge Resultate erhielt Jänicke bei Milzbrandbacillen und Bacillus subtilis, die beide bei 1 : 1000000 nicht mehr aufkamen, während Streptococcus pyogenes, Choleraspirillen und Typhusbacillen sich etwas resistenter erwiesen, immerhin aber noch eine ganz

---

[1]) Für Diejenigen, welche diese Versuche nachmachen wollen, sei bemerkt, dass man sich bei den mit Farbstoff versetzten Lösungen bei der mikroskopischen Prüfung auf Coccen nicht irre führen lassen darf durch, mit der Concentration an Zahl wachsende, den Coccen täuschend ähnlich sehende kleine, ausgefallene Farbstoffpartikelchen.

[2]) Auch Stilling findet bei 1 : 2000000 eine vollständige Verhinderung der Entwickelung des Eitercoccus.

ausserordentliche Empfindlichkeit dem Methylviolett gegenüber erkennen liessen.

Alle diese Versuche zeigen mithin, dass wir in dem Methylviolett einen Körper besitzen, dessen entwickelungshemmende Eigenschaften ganz aussergewöhnliche sind, welcher in einer Concentration von 1 : 2000 selbst die resistentesten Fäulnissbacterien nicht mehr aufkommen lässt, dessen Wirkung aber auf pathogene Bacterien und ganz speciell auf den Eitercoccus und den Milzbrand noch um Vieles gesteigert ist, so dass geradezu homöopathische Verdünnungen schon jede Entwickelung dieser Organismen dauernd hemmen.

Ueber die bacterientödtenden Eigenschaften des Methylvioletts (Pyoktaninum caeruleum Merck).

Die Versuche wurden angestellt mit Fäulnissbacterien verschiedener Art — die auch in diesem Falle sich wieder als die resistentesten erwiesen —, dann mit Bacillus subtilis, Milzbrandbacillen und Eitercoccen. Es wurden Versuche mit sporenfreiem Material und mit Sporen gemacht. Ich theile zunächst die mit sporenfreiem Material angestellten mit und beginne wieder mit den Fäulnissbacterien.

Von einem sehr viel Fäulnissbacterien enthaltenden, filtrirten, wässrigen Malzauszuge[1]) wurden je 50 cbcm. vermischt mit Methylviolett derart, dass die einzelnen Proben den Farbstoff in der Concentration 1 : 50000, 1 : 25000, 1 : 10000 enthielten. Nach Verlauf von 2 Stunden wurde

---

[1]) Jeder Tropfen dieses Auszuges zeigte unter dem Mikroskope Tausende, in lebhafter Schwärmbewegung begriffene, grosse Stäbchen.

von jeder Probe eine Spur auf im Reagensglase schräg erstarrten Agar übertragen und gleichzeitig eine Controlcultur des nicht mit Farbstoff versetzten Malzauszuges auf Agar angesetzt. Die Culturen verweilten im Wärmschrank bei 30° C.

Unmittelbar vor Ansetzen der Agar-Culturen wurden die Proben mikroskopisch geprüft und stellte sich dabei heraus, dass in 1 : 10000 die meisten Bacterien zwar tief gefärbt waren, einige wenige indessen doch farblos geblieben oder nur sehr schwach gefärbt waren. 1 : 25000 zeigte die meisten Bacterien ungefärbt, die übrigen schwächer oder intensiv gefärbt. 1 : 50000 zeigte fast alle Bacterien ungefärbt, nur einzelne waren schwach violett. Aus dieser Vorprüfung geht schon hervor, dass das Eindringen des Farbstoffes in Fäulnissbacterien in verdünnten Lösungen immer eine gewisse Zeit in Anspruch nimmt und dass sich die einzelnen Zellen individuell verschieden verhalten: während unter denselben Bedingungen die einen tief gefärbt sind, haben andere überhaupt noch keine erkennbaren Mengen des Farbstoffes aufgespeichert[1]). Es geht aber ferner daraus hervor, dass Methylviolett in einer Concentration von 1 : 10000 bei zweistündiger Einwirkung noch nicht im Stande sein kann, Fäulnissbacterien vollständig zu vernichten, da sich immer noch einige Individuen ungefärbt erwiesen. Dieses wurde durch das Verhalten der Agar-Culturen bestätigt; denn nach 24 Stunden waren sämmtliche Culturen angegangen. Die Culturen mit Material von 1 : 25000 und 1 : 50000 geimpft unterschieden sich in nichts von der Controlcultur,

---

[1]) Vergl. Pfeffer, l. c., S. 326 und 327.

während in der aus 1 : 10000 geimpften Cultur allerdings eine geringere Entwickelung zu bemerken war. Es wurden nun die mit dem Farbstoff versetzten Proben — aus denen abgeimpft war — noch einmal nachgesehen, wobei sich ergab, dass in 1 : 10000 immer noch farblose Bacterien enthalten waren. Wenn nun auch nicht anzunehmen ist, dass diese farblosen Individuen bei Anfang des Versuches schon vorhanden gewesen sind, so liegt doch die Thatsache immerhin so, dass bei einem Farbstoffgehalt von 1 : 10000 in einer Nährlösung[1]) immer noch schnellere Entwickelung als Färbung und Abtödtung der Fäulnissbacterien erfolgt.

Es wurde nach diesen negativen Resultaten nun zu höheren Concentrationen geschritten und je 50 cbcm. des Malzauszuges vermischt mit Methylviolett derart, dass zwei Proben den Farbstoff enthielten in der Concentration von a) 1 : 5000 und b) 1 : 2500. Unmittelbar nach dem Hinzufügen des Farbstoffes zeigt ein Tropfen aus der Probe a die meisten Bacterien schon tief violett gefärbt, verschiedene Stäbchen aber noch farblos; die Probe b zeigt ebenfalls noch vereinzelte Stäbchen farblos. Nach Verlauf von 2 Stunden wurde abermals geprüft und zeigt nun die Probe a etwa das gleiche Verhältniss wie anfangs, in der Probe b aber waren sämmtliche Bacterien tief gefärbt, es konnte kein einziges farbloses Stäbchen aufgefunden werden. Von diesen Proben wurde jetzt ebenfalls auf Agar übergeimpft und die Culturen wie früher behandelt. Nach 24 Stunden zeigt die aus 1 : 5000 geimpfte Cultur eine, allerdings sehr schwache, Ent-

---

[1]) Ein wässriger Malzauszug ist ein ganz vorzüglicher Nährboden für Fäulnissbacterien.

wickelung von Bacterien, während die aus 1 : 2500 geimpfte Cultur nicht angegangen ist und auch nach Verlauf von 5 Tagen noch keine Bacterien erkennen lässt. Ein zweistündiges Verweilen in 1 : 2500 hatte also die Fäulnissbacterien vernichtet.

Es sind dieses übrigens die resistentesten Fäulnissbacterien, die ich angetroffen habe, denn andere von mir geprüfte erwiesen sich der Einwirkung des Methylvioletts gegenüber weniger widerstandsfähig.

Aus einem sehr viele und lebhaft schwärmende Bacterien enthaltenden Aufguss von faulenden Bohnen (Phaseolus multiflorus) wurden einige Tropfen mit je 5 cbcm. Methylviolettlösung von der Concentration 1 : 1000 und 1 : 2000 vermischt und die Bacterien verschieden lange Zeit in diesen Farbstofflösungen gelassen, und zwar in 1 : 1000 a) 10 Minuten, b) 30 Minuten, c) 60 Minuten, in 1 : 2000 a) 20 Minuten, b) 40 Minuten, c) 60 Minuten. Nach Verlauf dieser Zeit wurde 1 Tropfen der die Bacterien enthaltenden Farblösung, um letztere abzuschwächen, in ein etwas sterilisirtes Wasser enthaltendes Uhrgläschen gebracht und mit dem Wasser vermischt, darauf mit einer Platinnadel eine Spur hiervon in den in feuchter Kammer befindlichen hängenden Tropfen der oben angedeuteten Nährlösung gebracht. Gleichzeitig wurde eine Controlcultur von ungefärbtem Material angesetzt. Die Culturen verweilten im Zimmer bei gewöhnlicher Temperatur.

Nach Verlauf von 24 Stunden ist in der Controlcultur sehr starke Vermehrung der Bacterien eingetreten, dagegen zeigen die Culturen der mit 1 : 1000 behandelten Bacterien in a) (10 Minuten in der Farbstofflösung) die in den Tropfen gebrachten Stäbchen schwach blau gefärbt, ohne Weiterentwickelung, in b) (30 Minuten in der Lösung) die Stäbchen tief blau, ebenfalls ohne Weiterentwickelung; in c) (1 Stunde in der Lösung) das gleiche Verhalten wie in b. Die Culturen der mit 1 : 2000 behandelten Bacterien zeigen in a) (20 Minuten in der Lösung) viele Stäbchen schwach blau gefärbt, die meisten farblos, und geringe Vermehrung; in b) (40 Minuten in der Lösung) und in c) (1 Stunde in der Lösung) waren alle Stäbchen blau gefärbt und Weiterentwickelung nicht eingetreten. Nach weiteren 24 Stunden zeigt 1 : 1000 a) geringe Vermehrung, die meisten Stäbchen farblos. b) ist wie am Tage vorher. c) ebenfalls. 1 : 2000 zeigt in a) gute Vermehrung, in b) geringe Weiterentwickelung, viele Stäbchen farblos; c) ist wie am Tage vorher.

Auch nach weiteren 48 Stunden ist sowohl bei 1 : 1000 in b) und c), als bei 1 : 2000 in c) keine Weiterentwickelung erfolgt.

Ein Verweilen der Fäulnissbacterien in Methylviolettlösung von 1 : 1000 während $^1/_2$ Stunde und in 1 : 2000 während 1 Stunde tödtet dieselben mithin.

Um das Verhalten des Farbstoffes den Bacterienzellen gegenüber etwas näher zu verfolgen, wurden diese Versuche, mit Bacterien derselben Massencultur entnommen, noch einmal wiederholt, und zwar wurden die Bacterien zunächst in Methylviolettlösung von 1 : 1000 gebracht während a) 5 Minuten, b) 30 Minuten, c) 60 Minuten, darauf genau so behandelt und in Cultur gebracht, wie bei obigem Versuche.

Nach Verlauf von 6 Stunden wurden die Culturen untersucht und ergab sich, dass von allen in die Cultur eingebrachten und sich alle stark gefärbt erwiesenen Bacterien in a) die Stäbchen bereits merklich heller, viele sogar schon wieder ganz farblos geworden waren; die durch die Färbung momentan unterdrückte Eigenbewegung ist bei den entfärbten Individuen ganz normal wieder aufgetreten; in b) sind alle Stäbchen noch violett gefärbt, aber doch nicht mehr so stark, als anfangs beim Uebertragen in die Tropfen. Eigenbewegung ist nicht vorhanden. In c) sind alle Stäbchen tief gefärbt. Es ist keine Abnahme der Färbung zu bemerken; Eigenbewegung ebenfalls nicht vorhanden[1]).

Nach 24 Stunden ergiebt die Prüfung bei a) ziemlich normale Vermehrung der Bacterien, man sieht aber immer noch hin und wieder im Tropfen eine gefärbte, ungetheilt gebliebene Zelle. Bei b) und c) ist keine Weiterentwickelung erfolgt, ebenso aber auch keine Entfärbung, die Stäbchen verharren in demselben gefärbten Zustande wie Tags vorher. Nach weiteren 48 Stunden derselbe Befund.

[1]) Bezüglich der activen Schwärmbewegung der Bacterien möchte ich die in Obigem schon angedeutete interessante Thatsache erwähnen dass, wenn man zu unter Deckglas lebhaft schwärmenden Bacterien ganz verdünnte Farbstofflösung zutreten lässt, in dem Moment, in welchem die Zelle den Farbstoff sichtbar aufnimmt, auch die Eigenbewegung sistirt wird; bringt man dann solche nicht direct abgetödtete Bacterien in reines Wasser, indem man unter Deckglas die Farbstofflösung vorsichtig durch Auswaschen verdrängt, dann tritt bei den schwach gefärbten Bacterien nach einiger Zeit (einigen Stunden) Entfärbung ein und damit wird auch die Schwärmbewegung wieder aufgenommen. Da nun die Eigenbewegung immer ein directes Zeichen von normaler Lebensthätigkeit ist, so geht schon aus diesen Beobachtungen hervor, wie das Methylviolett, selbst dann, wenn es noch nicht abtödtet, doch schon durch Eintritt ganz geringer Mengen die vitalen Functionen der Zelle schwächt. Auch Cornil und Babes haben bereits die bewegungshemmende Einwirkung der Anilinfarbstoffe beobachtet, indem sie — Les Bactéries, 3. Aufl., T. 1, S. 76 — angeben: « Le mouvement de certaines bactéries s'arrête quelques secondes ou quelques minutes après qu'elles ont été teintes par les couleurs d'aniline».

Es werden nun ferner Bacterien derselben Massencultur mit Methylviolettlösung 1 : 2000 behandelt und zwar a) 30 Minuten und b) 60 Minuten lang, und dann ganz in derselben Art wie oben in Cultur gebracht. Eine Prüfung nach 1 Stunde zeigt bei a) die Stäbchen noch alle hellblau und in Ruhe, bei b) die Stäbchen alle tief blau, ohne bemerkbare Entfärbung, ebenfalls in Ruhe. Nach 24 Stunden ist in a) geringe Weiterentwickelung eingetreten, viele Stäbchen aber sind immer noch hellblau gefärbt und bewegungslos. In b) ist keine Vermehrung und Entfärbung eingetreten. Nach weiteren 48 Stunden zeigt a) ganz normale Vermehrung, von noch gefärbten Stäbchen ist, vielleicht wegen der zahlreich aufgetretenen und lebhaft sich bewegenden Stäbchen, nichts zu sehen. b) ist wie vorher.

Das allgemeine Resultat lautet also auch in diesen Versuchen, dass eine Concentration von 1 : 1000 die Fäulnissbacterien in einer halben Stunde, eine Concentration von 1 : 2000 dieselben in 1 Stunde sicher tödtet. Die Versuche zeigen aber des Weiteren, dass nur dann eine Zelle sicher getödtet ist, wenn sie den aufgespeicherten Farbstoff festhält und selbst nach tagelangem Verweilen in ungefärbten Flüssigkeiten nicht wieder abgiebt; dass dagegen Zellen, welche durch den aufgenommenen Farbstoff noch nicht getödtet sind, denselben nach kürzerer oder längerer Frist — bei schwach gefärbten Zellen, wie ich oft beobachtete, schon nach einigen Minuten — wieder abgeben und sich entfärben. Die Färbung der Bacterienzelle an sich ist daher noch durchaus kein sicheres Zeichen des eingetretenen Todes, sondern es kommt darauf an, den Zellen in möglichst kurzer Zeit möglichst viel Farbstoff zuzuführen, sie also mit concentrirten Lösungen zu behandeln, oder, falls man weniger concentrirte Lösungen anwendet, sie in diesen dauernd zu belassen. Es stimmen diese Versuche durchaus mit den oben über die Entwickelungshemmung angegebenen überein, aus denen ja ebenfalls ersichtlich war, dass in verdünnteren Farbstofflösungen eine Weiterentwickelung von, unter Umständen gefärbten, Bacterienzellen eintritt. So verhalten sich demnach die Bacterienzellen, was Aufnahme und Abgabe des Farbstoffes anbetrifft, wesentlich ebenso wie die Zellen der höheren Pflanzen, welche, nach den bereits angegebenen Befunden Pfeffer's, im Stande sind, Anilinfarbstoffe lebend zu speichern, den Farbstoff aber, in reines Wasser gebracht, nach einiger Zeit wieder abgeben, vorausgesetzt, dass derselbe nicht bereits tödtlich gewirkt hat.

Dass man mit Methylviolett in wässrigen, nicht zu concentrirten, Lösungen Bacterien lebend färben kann, haben bereits Cornil und Babes gefunden. In «Les Bactéries», 3. Aufl., T. I, S. 75 und 76, wird angegeben: «Les bactéries se teignent d'une façon beaucoup plus intense que le liquide qui les entoure.» «Leurs mouvements continuent un certain temps, vingt-quatre heures par exemple, pour les bacilles en virgule du choléra; leur protoplasme est vivant, élastique, et malgré la coloration, certaines vivent et se développent.» Wenn Hueppe[1]), diese Befunde citirend, angiebt: «Cornil und Babes hatten schon 1885 in der ersten Auflage des citirten Werkes (Les Bactéries) angegeben, dass, wenn man zu lebenden Bacterien spurenweise Methylviolett zusetzt, die Bacterien sich damit intensiver färben, als die umgebende

---

[1]) Hueppe, Die Methoden der Bacterienforschung, 4. Aufl., S. 222.

Flüssigkeit. Die Bacterien blieben dabei lange Zeit am Leben und konnten in Folge ihrer Färbung gut beobachtet werden», so möchte ich darauf hinweisen, dass, wie die oben mitgetheilte Stelle besagt, doch nur «certaines vivent et se développent», woraus also wohl zu entnehmen ist, dass selbst bei vorsichtiger Färbung die meisten Bacterien in Folge der schädlichen Wirkung des Farbstoffes abgetödtet waren. Damit war aber die antiseptische Wirkung des Methylviolettes festgestellt. Wie lange indessen die gefärbten Bacterien am Leben blieben resp. wie lange die lebenden gefärbt blieben, ist aus den Angaben von Cornil und Babes überhaupt nicht zu ersehen.

Auch Buchner giebt, in einer vor Kurzem erschienenen Mittheilung[1]), ebenfalls an, dass unter Umständen lebende Bacterien sich färben können; Buchner hat aber dabei auch die bacterientödtende Eigenschaft der Anilinfarben, speciell des Methylvioletts, constatiren können.

«Versuch. 2 cbcm. Peptonbouilloncultur von Typhusbacillen wird mit 10 cbcm. wässriger Methylviolettlösung 1 : 5000 vermischt (Concentration des Farbstoffes daher 1 : 6000) und im Wasserbad bei 37° aufbewahrt. Nach 1 Stunde zeigen sich mikroskopisch bereits alle Bacillen deutlich gefärbt. Trotzdem ergiebt eine mit 5 cbcm. der Mischung angelegte Plattencultur noch 63 000 Typhuscolonieen. Nach einer weiteren Stunde sinkt diese Zahl auf 10450 Colonieen, nach 3 stündiger Einwirkung des Farbstoffes werden über-

---

[1]) Buchner, H., Ueber den Färbungswiderstand lebender Pilzzellen (Centralblatt f. Bakteriologie und Parasitenkunde, VII. Bd, No. 23 vom 31. Mai 1890).

haupt keine Colonieen mehr erhalten. **Die tödtende Einwirkung des Methylvioletts auf Bacillen geht aus diesem Versuch allerdings klar genug hervor.** Dieselbe erklärt sich jedenfalls durch die chemische Anziehung zwischen Plasma und Farbstoff und die hierdurch bedingte Aufspeicherung des letzteren im Innern der Bacterienzelle. Bei der beträchtlichen Verdünnung des Farbstoffes (1 : 6000) wäre sonst eine so intensive Wirkung kaum denkbar. **Practisch könnte diese desinficirende Eigenschaft der Anilinfarben unter Umständen von Werth sein.**»

Alle diese Angaben harmoniren aber durchaus mit den von mir erhaltenen Befunden, dass es gelingt, bei vorsichtiger Färbung Bacterienzellen am Leben zu erhalten, dass aber bei nur einigermassen schnellerer oder intensiver Färbung die Zellen getödtet werden, womit dann auch wieder die Pfeffer'schen Befunde bei höheren Pflanzen übereinstimmen.

Da es, wie aus all' diesen Versuchen hervorgeht, auf die Quantität des aufgespeicherten Farbstoffes ankommt, so wird man natürlich auch durch Anwendung verdünnter Lösungen Bacterien tödten oder doch in der Entwickelung hemmen können, wenn man durch längeres Verweilenlassen der Zellen in der Lösung diesen Zeit lässt, genügend Farbstoff in sich aufzuspeichern, doch muss die Concentration, um wenigstens eine merkliche Entwickelungshemmung zu erzielen, immerhin so stark sein, dass die Zelle soweit geschädigt wird, dass eine Theilung derselben entweder nicht mehr möglich ist, oder doch zu langsam eintritt. Ich will hierfür einige Beispiele anführen:

1. Fäulnissbacterien wurden in eine Lösung Methylviolett 1 : 4000 während a) $\frac{1}{2}$ Stunde, b) 1 Stunde, c) $1\frac{1}{2}$ Stunden,

d) 2 Stunden, e) 4 Stunden, f) 6 Stunden und g) 24 Stunden gebracht und dann auf die oben angegebene Weise weiter cultivirt.

Unmittelbar nach Uebertragung in die Culturflüssigkeit zeigt: a), b), c), d) sämmtliche Bacterienzellen mässig blau gefärbt und ohne active Bewegung; e), f), g) sämmtliche Zellen intensiv violett gefärbt, ebenfalls ohne active Bewegung. Nach 24 Stunden war in a), b), c) Weiterentwickelung erfolgt, man sieht aber in jeder Cultur noch viele gefärbte und in Ruhe befindliche Stäbchen, ein Zeichen, dass diese in der Entwickelung gehindert und zum Theil auch wohl schon abgestorben sind. d) zeigt die meisten Stäbchen in der Anfangsfärbung, einige jedoch nur eben erkennbar blau, aber ohne Bewegung, e), f) und g) zeigen alle eingebrachten Stäbchen tief violett wie anfangs. Nach weiteren 24 Stunden zeigt nun auch d) eine, allerdings sehr schwache Vermehrung, in e), f) und g) ist keine Veränderung eingetreten. Die den Farbstoff haltenden Zellen waren also getödtet, die lebend gebliebenen Zellen haben den Farbstoff nach und nach — bei der Cultur d) erst nach mehr als 24 Stunden — wieder abgegeben. Ein 4stündiges Verweilen in 1 : 4000 aber genügte, um alle Bacterien zu vernichten.

II. Fäulnissbacterien wurden in eine Lösung Methylviolett 1 : 10 000 während 1 Stunde und während 16 Stunden gebracht und dann auf die oben angegebene Weise weiter cultivirt. Die nur eine Stunde mit der Lösung behandelten Stäbchen waren schwach hellblau gefärbt und hatten sich nach 24 Stunden ganz normal weiter entwickelt, die anderen Stäbchen aber waren alle mehr oder weniger tief blau gefärbt und zeigten nach 24 Stunden eine nur sehr geringe Vermehrung. Es war von diesen letzteren also der grösste Theil abgetödtet, einige aber waren trotz der intensiven Farbstoffspeicherung am Leben geblieben und hatten sich dann, in die Nährlösung übergeführt, nachdem sie den Farbstoff ganz oder zum grössten Theil wieder abgegeben hatten, weiter entwickelt.

Beim Eintritt des Farbstoffes in die lebende Bacterienzelle hat derselbe, ehe er in das Protoplasma gelangt, zuvor die mehr oder weniger schleimige Membran zu passiren, und wird hier schon zum grossen Theil, die Membran tingirend, festgehalten. Daher bedarf es wohl immer einiger Zeit, ehe genügende Quantitäten Farbstoff in das Plasma gelangen, um auf dieses einen merklichen Einfluss auszuüben. Der nur in der Membran gespeicherte Farbstoff wird sicherlich sehr wenig festgehalten, denn wenn man durch verdünnte Farbstofflösungen vorsichtig und nur für kurze Zeit gefärbte Bacterien in reines Wasser bringt, so sieht man schon nach wenigen Augenblicken ein deutliches Hellerwerden der Zellen und nach einigen Minuten sind sie wieder entfärbt. Es wird also der Farbstoff in der Membran sehr lose gehalten und diffundirt sofort wieder nach aussen, aber schon durch diese einfache Membranfärbung muss doch schon eine merkliche Hinderung der vitalen Functionen zu Stande kommen, denn Zellen, welche die Färbung nur eben erkennen lassen, können schon einen temporären Stillstand ihrer Eigenbewegung zeigen. Den Grund dieser Erscheinung möchte ich darin erblicken, dass der Farbstoff die Micellarinterstitien der Membran rein mechanisch verstopft und so der Zelle unmöglich macht oder sie doch wenigstens hindert, einen genügenden Stoffaustausch mit der Umgebung zu unterhalten; auch die Aufnahme von Sauerstoff dürfte durch eine solche Membranverstopfung zum Mindesten erschwert sein. Und was hier von der Membran gesagt ist, dürfte auch wohl vom Protoplasmakörper selbst gelten und daher der Einfluss des Farbstoffes auf die lebende Zelle, in erster Linie wenigstens, ein rein mechanischer sein. Ich werde auf diesen wichtigen Punkt weiter unten noch einmal zurückkommen.

Viel weniger resistent als die eigentlichen Fäulnissbacterien erweist sich der Einwirkung des Methylvioletts gegenüber der Bacillus subtilis. Wie oben erwähnt wurde, fand Jänicke schon, dass derselbe in Nährlösungen mit Farbstoffzusatz von 1 : 1 Million nicht mehr aufkommt. Dementsprechend sind meine Resultate bezüglich der Abtödtung der Zellen.

Stäbchen des Bacillus subtilis wurden in Methylviolett gebracht von der Concentration 1 : 4000 a) während 25 Minuten, b) während 45 Minuten, c) während 1 Stunde und 15 Minuten, ferner in 1 : 2000 a) während 5 Minuten, b) während 15 Minuten, c) während 30 Minuten; endlich in 1 : 1000 a) während 5 Minuten, b) während 15 Minuten. Dann aus diesen Lösungen in Cultur im hängenden Tropfen gebracht.

Nach 5 Stunden wurden die Tropfen controllirt und zeigten sich in 1 : 4000 bei a) fast alle Stäbchen farblos, einige wenige eben noch bemerkbar gefärbt, bei b) viele Stäbchen farblos, einige sehr schwach, einige etwas stärker gefärbt, bei c) die meisten Stäbchen tief gefärbt, kein einziges farblos; in 1 : 2000 bei a) fast alle Stäbchen farblos, einige eben bemerkbar gefärbt, bei b) alle Stäbchen blau gefärbt, bei c) ebenfalls; in 1 : 1000 bei a) und b) alle Stäbchen blau gefärbt.

Nach 48 Stunden (nach Beginn des Versuches) zeigte sich in 1 : 4000 bei a) normale Vermehrung, bei b) ebenfalls; es können aber immer noch einige blau gefärbte — und wohl abgetödtete — Stäbchen aufgefunden werden. Bei c) ist keine Weiterentwickelung erfolgt, Stäbchen alle gefärbt geblieben. In 1 : 2000 bei a) normale Vermehrung, bei b) und c) keine Weiterentwickelung, Stäbchen alle gefärbt geblieben. In 1 : 1000 bei a) und b) ebenfalls keine Weiterentwickelung der tief gefärbten Stäbchen.

Ein Verweilen des Bacillus subtilis in Lösungen von 1 : 4000 während 75 Minuten, oder in 1 : 2000 schon während 15 Minuten, oder in 1 : 1000 bereits während nur 5 Minuten wirkt tödtend auf die Zellen. Gleichzeitig geht auch aus diesem Versuche wieder hervor, dass bei nicht abgetödteten Zellen eine vollständige oder doch sehr weitgehende Auswanderung des Farbstoffes stattfindet, während in getödteten Zellen der Farbstoff aufgespeichert bleibt.

Noch bedeutend empfindlicher als Bacillus subtilis erwies sich Bacillus Anthracis, dessen Zellen im Stande sind, unter Deckglas den Farbstoff aus äusserst verdünnten Lösungen fast momentan so aufzuspeichern, dass sie intensiv gefärbt erscheinen; allerdings geben solche Zellen den Farbstoff auch leicht wieder ab, ein Zeichen, dass die Membran sehr durchlässig für den Farbstoff ist; derselbe wird also leicht in die Zelle dringen und hier das Plasma tingiren und schädigen können. Daraus erklärt es sich, dass auch schon verdünnte Lösungen nach ganz kurzer Einwirkung tödtlich wirken und dass Zellen, welche aus der Farbstofflösung in Wasser gebracht nur mässig blau gefärbt erscheinen, bereits als abgestorben sich erweisen können. Der in der Membran gehaltene Farbstoff, welcher der Zelle tiefe Färbung verleiht, diffundirt eben sehr schnell wieder heraus, während das Plasma den Farbstoff zurückhält, und so erscheint dann eine solche Zelle, trotzdem sie schwer geschädigt oder bereits getödtet ist, nicht besonders intensiv gefärbt. Es spielt also sicher bei dem verschiedenen Verhalten der verschiedenen Bacterienarten den Anilinfarbstoffen gegenüber die Eigenschaft der Membran eine grosse Rolle. Zellen, deren Membran für den Farbstoff weniger durchlässig ist, werden also bei Behandlung mit Anilinfarben zunächst einen grossen Theil des eindringenden Farbstoffes in den Membranen speichern und erst allmählich Farbstoff an das Protoplasma abgeben, daher solche Zellen einmal erst durch relativ concentrirte Lösungen dauernd geschädigt werden und zum Zweiten selbst in intensiv gefärbtem Zustande — die intensive Färbung eben durch die Speicherung des Farbstoffes in der Membran bedingt — sich noch als lebensfähig erweisen können. Dem gegenüber lassen Zellen von Membraneigenschaften wie die des Milzbrandbacillus — und auch der Eitercoccus gehört glücklicherweise hierher — den Farbstoff leicht durch die nicht besonders speichernde Membran durchtreten und auf diese Weise schnell in das Protoplasma gelangen. Der Grund dieses verschiedenen Verhaltens muss natürlich in der Structur der Zellmembran liegen und werden Membranen mit grossen Micellarinterstitien die relativ sehr grossen Farbstoffmolecule ungehinderter, d. h. sich weniger färbend, passiren lassen als Membranen, deren Micelle sehr nahe gelagert sind und in denen der Farbstoff dann bei seinem Durchfiltriren rein mechanisch festgehalten wird.

Nach diesen Andeutungen will ich einige Versuche mit Bacillus Anthracis anführen, aus denen sich die grosse Empfindlichkeit desselben dem Methylviolett gegenüber ergeben wird.

Einige Tropfen Blut eines frisch an Milzbrand gestorbenen Meerschweinchens werden in Methylviolettlösung von der Concentration 1 : 8000 gebracht und nach gehörigem Vermischen hiervon nach Verlauf von 10, 20 und 30 Minuten mit einer Platinnadel in Nährlösung übergeimpft. Gleich nach dem Ueberimpfen wird auch jedesmal ein Tropfen der Mischung mikroskopisch geprüft und zeigen sich die 10 Minuten in der Farbstofflösung verweilten Stäbchen hellblau, die von 20 Minuten ebenfalls hellblau, einige etwas dunkler, die von 30 Minuten etwas dunkler — aber durchaus nicht intensiv — blau gefärbt. Gleichzeitig wird eine Controlcultur angelegt, indem vom frischen, ungefärbten Blute etwas in Nährlösung übergeimpft wurde. Die Culturen verweilten bei 30° im Wärmschrank und zeigte sich nach 24 Stunden die Controlcultur sehr gut angegangen, indem jeder Tropfen zahlreiche Milzbrandstäbchen enthielt, während die mit gefärbten Stäbchen geimpften Culturen gar keine Entwickelung erkennen liessen. Auch nach weiteren 3 Tagen war in ihnen noch nichts zu bemerken, so dass die gefärbten Stäbchen als abgetödtet bezeichnet werden müssen.

Es wird noch einmal derselbe Versuch gemacht, nur mit dem Unterschiede, dass statt der Methylviolettlösung 1 : 8000 eine solche von der Concentration von nur 1 : 16 000 angewendet wurde. Auch hierbei stellte sich heraus, dass, während die Controlcultur wiederum in normaler Weise sich entwickelte, von den nur 10 Minuten in der Farbstofflösung gebliebenen und beim Ueberimpfen nur schwach blau gefärbten Stäbchen kein einziges sich weiter entwickelte. Selbst nach 7 tägigem Verweilen im Wärmschrank war noch keine einzige der mit gefärbten Stäbchen beschickten Culturen angegangen.

Diese Versuche zeigen mithin, dass ein Verweilen der Milzbrandstäbchen in einer Lösung von nur 1 : 16000 während nur 10 Minuten tödtlich wirkt. Ebenso wurden die Stäbchen getödtet durch nur 5 Minuten langes Verweilen in 1 : 2000.

Um nun die tödtende resp. entwickelungshemmende Wirkung des Methylvioletts ohne jeden Zweifel nachzuweisen, wurden gefärbte Stäbchen direct auf Meerschweinchen übergeimpft.

Einige Tropfen Blut eines frisch an Milzbrand gestorbenen Meerschweinchens wurden in Methylviolettlösung 1 : 16000 gebracht, und eine genügende Quantität hiervon nach 10, 15 und 25 Minuten auf je 1 Meerschweinchen geimpft. Zur Controle wurde ein viertes Thier mit etwas frischem, ungefärbtem Blut geimpft. Dieses Controlthier starb nach genau 24 Stunden an Milzbrand. Von den 3 anderen Thieren zeigte das mit 15 Minuten lang gefärbten Stäbchen geimpfte, 69 Stunden nach der Infection am rechten Hinterbeine (an welchem die Infectionswunde gemacht worden war) eine ziemliche Schwellung; beim Pressen öffnete sich die Wunde ein wenig und es quoll etwas Blut hervor, welches aufgefangen und bei der mikroskopischen Prüfung sich als stäbchenhaltig erwies. Das Thier starb dann auch nach 4 Stunden, also im Ganzen nach Verlauf von 73 Stunden nach erfolgter Infection an Milzbrand. Die beiden anderen Thiere blieben gesund.

Sieht man zunächst einmal von diesen beiden letzten Thieren ab, so ergiebt sich als unzweifelhaft, dass ein 15 Minuten langes Verweilen der Stäbchen in 1 : 16000 die Entwickelung derselben ganz auffallend hindert, denn zwischen dem Tode des Controllthieres und des mit gefärbten Stäbchen geimpften liegt ein Zeitraum von 48 Stunden. Das Verhalten der beiden anderen Thiere, die ganz gesund geblieben waren, aber zeigt, dass ein Verweilen der Stäbchen in 1 : 16000 während nur 10 und nur 20 Minuten schon absolut vernichtend wirken kann und dass man daher annehmen muss, dass auch bei dem gestorbenen Thiere die meisten der eingeimpften gefärbten Stäbchen abgetödtet waren, während nur einige wenige — vielleicht nur ein einziges — zwar gefärbt, aber doch lebensfähig geblieben waren und diese natürlich erst nach längerer Zeitdauer sich so stark vermehren konnten, dass der Tod des Thieres dadurch bedingt wurde.

Zur Controle wird dieser Versuch nun noch einmal wiederholt und wird zunächst vom Blut eines frisch an Milzbrand gestorbenen Thieres auf ein Controlthier übergeimpft, während des Weiteren einige Tropfen Blut mit Methylviolettlösung 1 : 16000 vermischt wurden und hiervon nach 5 Minuten und nach 15 Minuten auf je ein Meerschweinchen abgeimpt wurde[1]). Das Controlthier starb nach 28 Stunden an Milzbrand, die beiden mit gefärbten Stäbchen geimpften Thiere blieben gesund. Hierdurch werden also die Resultate des vorigen Versuchs bestätigt und zugleich ergiebt sich, dass ein nur 5 Minuten langes Verweilen der Stäbchen in 1 : 16000 bereits

---

[1]) Es wurde so viel Impfmaterial genommen, dass man ganz sicher sein konnte, dass stets eine grosse Anzahl von gefärbten Stäbchen auf das Thier übertragen wurde.

tödtend wirken kann. Diese ausserordentliche Wirkung des Methylvioletts auf die Milzbrandstäbchen wird auch durch die Befunde Jänicke's bestätigt, nach denen Milzbrand in Methylvioletllösung von 1 : 1000 gebracht nach ½ Minute getödtet war.

Versuche mit Staphylococcus pyogenes aureus. Aus einer sehr viel Eitercoccen enthaltenden Nährlösung (Reincultur) werden einige Tropfen vermischt mit etwa je 10 cbcm. Methylviolettlösung von der Concentration 1 : 50000, 1 : 25000 und 1 : 10000 und verschieden lange Zeit mit der Farbstofflösung in Berührung gelassen, und zwar in 1 : 50000 a) 15 Minuten, b) 30 Minuten, c) 60 Minuten; in 1 : 25000 a) 15 Minuten, b) 30 Minuten, c) 60 Minuten; in 1 : 10000 a) 5 Minuten, b) 15 Minuten, c) 25 Minuten. Dann wird mit einer Platinnadel eine Probe herausgenommen und in Nährlösung übertragen. Gleichzeitig wird eine Controlcultur angesetzt von nicht gefärbten Eitercoccen (derselben Stammcultur) in Nährlösung. Die Culturen verweilten im Wärmschrank bei 30° C.

Gleich bei Uebertragung der gefärbten Coccen in die Nährlösungen wird eine gleichzeitig entnommene Probe auf eventuelle Färbung der Coccen untersucht und zeigen sich in 1 : 50000 bei a) die Coccen meist tief gefärbt, einige etwas heller; bei b) ist der Befund wie bei a); bei c) sind die meisten Coccen tief violett, hin und wieder sieht man einige Zellen etwas heller, aber immer noch tief gefärbt; in 1 : 25000 sind in a) die meisten Zellen tief violett, einige etwas heller gefärbt, in b) und c) sind alle Zellen tief violett; in 1 : 10000 sind in a) die meisten Coccen tief violett, einige etwas heller gefärbt, in b) und c) ist Alles tief violett.

Sämmtliche in den Farblösungen gewesene Coccen waren mithin mehr oder weniger tief violett gefärbt.

Nach 24 Stunden stellte sich schon ein ganz prägnantes Resultat heraus, insofern die Controlcultur ganz dicht erfüllt von Coccen war, während in sämmtlichen mit gefärbten Coccen beschickten Culturen auch noch nicht eine angegangen war. Die Nährlösungen waren vollkommen klar und konnte bei genauester mikroskopischer Prüfung in keiner derselben eine Weiterentwickelung der eingebrachten Coccen constatirt werden.

Nach 4 Tagen (nach Beginn des Versuches) ergab sich folgender Befund: in 1 : 50000 ist bei a) normale Vermehrung der Coccen eingetreten; diese Cultur unterscheidet sich jetzt in nichts mehr von der Controlcultur. Die anfänglich vorhandene starke Entwickelungshemmung ist also im Laufe der letzten Tage, nachdem überhaupt Entwickelung eingetreten war, wieder ausgeglichen worden. Bei b) zeigt sich eine ganz geringe, doch ohne Weiteres zu constatirende, Vermehrung der eingesäeten Coccen. Es ist also hier offenbar einigen Coccen gelungen, den Farbstoff allmählich wieder soweit abzugeben, dass eine, wohl zunächst langsame, dann stärker werdende Weiterentwickelung eintreten konnte. Bei c) ist die Entwickelung ausgeblieben. In 1 : 25000 ist in keiner Cultur Weiterentwickelung eingetreten. Bei 1 : 10000 ist bei a) eine ziemlich gute Entwickelung zu constatiren; bei b) und c) ist die Entwickelung ausgeblieben.

Es stellt sich demnach das Resultat kurz so, dass in 1 : 10000 nach 15 Minuten, in 1 : 25000 nach 15 Minuten, in 1 : 50000 sicher nach 1 Stunde Abtödtung des Eitercoccus stattfindet.

Hiermit stimmen die Versuche Jänicke's überein, nach denen die Eitercoccen bei 1 : 20000 nach 10 Minuten, bei 1 : 5000 schon nach $^{1}/_{2}$ Minute getödtet wurden.

Versuche mit Sporen. Geprüft wurden Milzbrandsporen und diejenigen des Heubacillus und stellte sich als bemerkenswerthes Resultat heraus, dass die Sporen dem Methylviolett gegenüber sich im Wesentlichen nicht anders verhalten als die Stäbchen oder Coccen.

Sowohl Anthrax- als Subtilis-Sporen färben sich in 1°/$_{00}$ Methylviolettlösung nach wenigen Minuten tief violett; man erkennt die Färbung der Sporen sehr deutlich, wenn man, unter Deckglas, die nicht eingedrungene Farblösung vorsichtig durch Wasser verdrängt. Junge, noch in der Zelle liegende Sporen färben sich wesentlich schneller als ältere, schon einige Zeit isolirte; allein auch bei letzteren ist die Tinction so deutlich und wurde ausserdem so oft von mir beobachtet, dass von einer Täuschung keine Rede sein kann. Ob indessen die Färbung der Sporen in der Hauptsache oder vielleicht auch ausschliesslich auf Rechnung der Membran kommt, und ob und wie stark überhaupt das Sporenplasma gefärbt wird, konnte ich nicht entscheiden. Sei dem übrigens wie ihm wolle, so ist immer das oben angedeutete Resultat sicher, dass eine mit Methylviolett behandelte Spore ebenso in ihrer Entwickelung gehemmt oder abgetödtet wird, als ein Stäbchen. Es wird das aus folgenden Versuchen ersichtlich sein:

Alte, seit etwa 10 Tagen isolirte Sporen von Bacillus subtilis werden in Nährlösungen gebracht, welche Methylviolett enthalten in der Concentration a) 1 : 1 Million; b) 1 : 100000; c) 1 : 10000; d) 1 : 5000. Gleichzeitig wird eine Controlcultur von Sporen in nicht mit Farbstoff versetzter Nährlösung angesetzt. Nach dem Beschicken der Nährlösungen mit den Sporen werden erstere, um die etwa noch mit hineingebrachten Subtilis-Stäbchen abzutödten, 5 Minuten lang gekocht und kamen dann in den Wärmschrank bei 30° C. Schon nach 24 Stunden ergab sich das auffallende Resultat, dass in der Controlcultur sehr gute Keimung und Entwickelung der Sporen eingetreten war, während in den anderen Culturen hiervon gar nichts zu bemerken war. Nach 10 Tagen sind in der Controlcultur schon wieder neue Sporen gebildet, in den anderen Culturen, auch in der den Farbstoff in der Concentration 1 : 1 Million haltenden, ist überhaupt keine Weiterentwickelung erfolgt. Man sieht bei mikroskopischer Prüfung die Sporen, tiefer oder weniger tief gefärbt, unverändert. Es tritt also nicht etwa in der gefärbten Nährlösung doch zunächst Keimung der Sporen ein und der Farbstoff wirkt dann auf das leichter durchdringbare Keimstäbchen, sondern die Spore bleibt, wie sie ist, ungekeimt. Es zeigen sich also die Sporen des Heubacillus in gefärbten Nährlösungen nicht resistenter als die Eitercoccen, von denen ja auch gefunden wurde, dass sie bei einem Farbstoffgehalt der Nährlösung von 1 : 1 Million sich nicht weiter entwickeln.

Ebenso lässt sich nun auch zeigen, dass das Methylviolett die Sporen nicht bloss in der Entwickelung vollständig hemmt, sondern sie auch sicher abtödtet.

Es werden alle Sporen des Heubacillus in Methylviolettlösungen von der Concentration 1 : 1000 a) 30 Minuten, b) 1 Stunde und c) 2 Stunden; von der Concentration 1 : 4000 a) 1 Stunde, b) 2 Stunden und c) 3 Stunden gebracht und darnach in normale Nährlösung übergeimpft. Gleichzeitig eine normale Controlcultur. In letzterer tritt gute Entwickelung ein, aber sämmtliche mit gefärbten Sporen beschickten Culturen versagen vollständig, so dass also hieraus hervorgeht, dass ein Verweilen der Sporen in 1 : 1000 während ¹/₂ Stunde oder in 1 : 4000 während 1 Stunde bereits tödtend wirkt.

Ebenso verhalten sich die Milzbrandsporen.

Alte, sehr virulente Sporen des Milzbrandes wurden in Methylviolettlösung von der Concentration 1 : 1000 a) 30 Minuten, b) 1 Stunde, c) 1¹/₂ Stunden gebracht und dann in normale Nährlösung übergeimpft. Gleichzeitig eine Controlcultur von ungefärbten Sporen. Nach 30 Stunden ist letztere gut angegangen, die mit gefärbten Sporen beschickten Culturen zeigen überhaupt keine Weiterentwickelung. Noch nach 10 Tagen sieht man bei mikroskopischer Prüfung dieser Culturen die blau gefärbten, ungekeimten Sporen.

Es werden nun auch Thierversuche angestellt, und 1 Meerschweinchen mit Sporen geimpft, welche 1 Stunde in 1°/₀₀ Methylviolettlösung verweilt und, wie die Prüfung zeigte, stark blau gefärbt waren. Zur Controle wird ein anderes Thier mit ungefärbten Sporen geimpft. Das Controlthier stirbt nach 44 Stunden am Milzbrand, das andere Thier bleibt gesund.

Derselbe Versuch wird nun noch einmal wiederholt und wird ausserdem von den gefärbten Sporen noch in Nährlösung übergeimpft. Das Controlthier stirbt nach 34 Stunden 9 h. Abends am Milzbrand, das mit gefärbten Sporen geimpfte Thier stirbt ebenfalls, in derselben Nacht, am Milzbrand. Die mit gefärbten Sporen beschickte Nährlösung versagt.

Aus diesem Versuche muss man schliessen, dass eine einstündige Behandlung der Sporen mit Methylviolett 1°/₀₀ doch nicht ganz sicher abtödtet. Vielleicht waren die meisten dem Thiere beigebrachten Sporen getödtet, einige aber, vielleicht noch nicht genügend gefärbt, noch lebensfähig, und diese letzteren hatten, sich weiter entwickelnd, den Milzbrand hervorgerufen. Allein man könnte skeptisch sein und annehmen, dass in diesem zweiten Versuche die gefärbten Sporen überhaupt nicht geschädigt seien — es wäre dann allerdings das Ausbleiben der Cultur in Nährlösung nicht erklärlich — und dass in dem ersten Versuche das lebend gebliebene Thier durch Zufall keine Sporen bekommen habe. Um hier ganz sicher zu gehen, wurde der Versuch noch einmal angestellt und einem Thier so viel 1 Stunde mit 1°/₀₀ Methylviolett behandelte Sporen eingeimpft, dass ich ganz sicher bin, dass das Thier Hunderte von Sporen bekommen hat. Gleichzeitig ein Controlthier. Letzteres stirbt nach 41 Stunden am Milzbrand, das mit gefärbten Sporen behandelte Thier stirbt erst nach 6 Tagen am Milzbrand.

Es zeigen also diese beiden letzten Thierversuche, dass, entgegen den Versuchen mit Nährlösung, bei einem 1 stündigen Verweilen der Sporen in 1°/₀₀ Methylviolettlösung ein sicheres Abtödten nicht eintritt, insofern die Sporen sich individuell verschieden verhalten können und einige, bei einer derartigen Behandlung mit Methylviolett, doch noch lebensfähig bleiben können. Jedenfalls aber geht aus den gesammten Sporenversuchen hervor, dass Methylviolett auf die Entwickelung der Milzbrandsporen selbst schon bei relativ geringer Concentration einen ganz wesentlichen Einfluss ausübt. Es steht

wohl nicht zu bezweifeln, dass höhere Concentrationen als
1 $^0/_{00}$ — etwa 1 : 500 — oder auch 1 $^0/_{00}$ bei längerer Einwirkung mit Sicherheit tödten.

Ueberblicken wir nun einmal die aus den bisherigen
Versuchen gewonnenen Resultate, so ergiebt sich, allgemein
ausgedrückt, dass die Anilinfarbstoffe in hohem Grade
sowohl entwickelungshemmend als auch direct keimtödtend
auf Bacterien und Bacteriensporen einwirken. Die Art und
Weise dieser Einwirkung aber ist nun jedenfalls eine sehr
bemerkenswerthe und stimmen bezüglich derselben die Bacterien in allen wesentlichen Punkten mit den von Pfeffer
diesbezüglich näher untersuchten Zellen der höheren Pflanzen
überein. Der Anilinfarbstoff lagert sich zunächst, bei seinem
Eindringen in die Zelle, zwischen die Micellarinterstitien der
Membran, letztere dadurch mehr oder weniger färbend. Bei
richtiger Versuchsanstellung kann man es, wie ich angeführt
habe, erreichen, dass der Protoplasmakörper zunächst gar
keinen oder doch relativ nur äusserst wenig Farbstoff erhält
und die Speicherung des Farbstoffes ausschliesslich oder doch
wesentlich auf die Membran beschränkt bleibt. Bringt man
solche membrangefärbte Zellen in reines Wasser, so diffundirt
der Farbstoff sehr bald wieder heraus und die Zelle ist, unter
Umständen nach wenigen Augenblicken, wieder farblos.
Hieraus ist wohl mit Sicherheit zu schliessen, dass der Farbstoff die Membran der lebenden Zelle nicht chemisch afficirt,
sondern dass die grossen Farbstoffmolecule rein mechanisch
in den Micellarzwischenräumen der Membran liegen bleiben,
diese Zwischenräume dadurch natürlich mehr oder weniger
verstopfend. Dadurch aber muss, wie ich schon angedeutet

habe, der Stoffaustausch der Zelle mehr oder weniger herabgesetzt resp. in extremen Fällen vielleicht ganz unterdrückt werden und die Zelle somit durch die einfache Membranfärbung an sich schon eine Schädigung erleiden, die das Leben der Zelle zunächst wohl noch nicht in Frage stellen wird, aber immerhin für die Entwickelung der Zelle — Wachsthum und Theilung — von hinderndem Einfluss sein muss. Gelangt nun, bei längerem Liegen der Zelle in der Farbstofflösung, der Farbstoff in's Protoplasma, so wird er auch hier zunächst in den Micellarinterstitien festgehalten, ohne sich mit Bestandtheilen des Protoplasmas chemisch und dadurch dauernd zu vereinigen; denn wie die Versuche von Cornil und Babes und von mir bei Bacterien, von Pfeffer bei höheren Pflanzen gezeigt haben, giebt auch das Protoplasma bei Uebertragung der Zelle — nach nicht zu langem Verweilen in der Farbstofflösung — in Wasser seinen Farbstoff nach kürzerer oder längerer Zeit wieder vollständig ab und zeigt dann keinerlei bleibende Schädigung. Es handelt sich also bei der Speicherung des Farbstoffes im Plasma der Hauptsache nach gewiss nur um ein mechanisches Vermengen des Farbstoffes mit dem Plasma oder mit Theilen desselben, da eben der Farbstoff als solcher, ohne irgend welche Veränderungen erlitten zu haben, aus dem Plasma wieder vollkommen herausdiffundiren kann. Dass aber das Plasma bei der Aufnahme des Farbstoffes activ nicht thätig ist, hat Pfeffer gezeigt, indem er nachwies, dass die Aufnahme und Speicherung der Anilinfarben nicht an die Lebensthätigkeit gekettet ist. «Speicherung tritt demgemäss auch ein, wenn durch Entziehung des Sauerstoffes, durch Chloroformiren, durch Aufenthalt bei $0°$ oder $42°$ die normalen vitalen Functionen particll sistirt sind»[1]). Dass Zellen, deren Protaplasma gefärbt ist — aber nicht zu lange gefärbt ist — während dieses gefärbten Zustandes vitale Functionen unterhalten und sich sogar theilen können, ist dann so zu verstehen, dass trotz der in Folge der Farbstoffeinlagerung eingetretenen rein mechanischen Hemmung der Protoplasmathätigkeit, letztere doch noch so ergiebig ist, dass die normalen Functionen der Zelle, wenn auch verlangsamt, sich vollziehen können. Wird endlich der Farbstoff in zu grosser Menge, oder in geringeren Mengen zu lange Zeit, im Plasma aufgespeichert, so werden dadurch die vitalen Bewegungen der Plasmamicelle zum Stillstand gebracht und die Zelle damit abgetödtet. Es ist nun sehr bemerkenswerth, dass, wie übereinstimmend gefunden wurde, in diesem Zustande, d. h. in der getödteten Zelle, der Farbstoff festgehalten und beim Uebertragen der Zelle in Wasser nicht wieder abgegeben wird[2]). Es müssen also hier offenbar andere Structurverhältnisse des Plasmakörpers auftreten und eingreifen; doch lässt sich nach den bis jetzt überhaupt vorliegenden Beobachtungen keineswegs entscheiden, welcher Art in diesem Falle, d. h. in der getödteten Zelle, die Farbstoffbindung ist; möglich, dass chemische Bindung vorliegt, aber auch nicht ausgeschlossen ist, dass ein stärkeres mechanisches Festhalten erfolgt. Pfeffer, welcher in seiner grundlegenden Abhand-

---

[1]) Pfeffer, l. c., S. 328.

[2]) Wie Pfeffer fand, werden Zellkern und Chromatophoren im Leben durch Anilinfarben nicht tingirt. Eine Tinction derselben zeigt immer die dauernde Schädigung, d. h. den sicheren Eintritt des Todes an. In todten Zellen dagegen speichern die genannten Organe die Anilinfarben in besonders hohem Maasse.

lung die verschiedenen Möglichkeiten discutirt, spricht sich hierüber folgendermassen aus[1]): «Ein klarer Einblick in die zur Speicherung führenden Veränderungen ist um so weniger zu gewinnen, als die Fixirung von Farben im todten Protoplasma in causaler Hinsicht ebenso wenig vollkommen klar gestellt ist, als die Bindung von Farben in Geweben u. s. w., wovon in der Technik die ausgedehnteste Anwendung gemacht wird. Da aber thatsächlich die Structur eines Körpers in der augenscheinlich zum guten Theil von Flächenattraction abhängigen Farbenspeicherung eine wesentliche Rolle spielt, so kann es im Allgemeinen nicht überraschen, dass mit der im Tode veränderten Structur das Protoplasma andere speichernde Eigenschaften annimmt. Zudem werden mit dem Tode Stoffe gemengt, welche zuvor räumlich getrennt waren, und solche Imprägnation dürfte im Protoplasma in ähnlicher Weise in Betracht kommen, wie das sog. Beizen in der Färbungstechnik.»

Um wenigstens einige allgemeine Anhaltspunkte darüber zu gewinnen, in welcher Weise die Anilinfarben die vitale Thätigkeit des Protoplasmas herabsetzen und schliesslich ganz aufheben, habe ich, da man natürlich mit lebendem Plasma ausserhalb der Zelle nicht operiren kann, einige Versuche gemacht, um die Einwirkung der Anilinfarben, speciell des Methylvioletts, auf Körper zu gewinnen, welche stets directe Derivate des Protoplasmas sind und in ihren Wirkungen die nächste Verwandtschaft mit dem Protoplasma zeigen[2]), nämlich die sog. «ungeformten Fermente» oder Enzyme.

---

[1]) Pfeffer, l. c., S. 276.
[2]) Dass die Enzyme dem lebenden Protoplasma ausserordentlich nahe stehen, hat Ad. Mayer (Die Lehre von den chemischen Fermenten

Schon in der ersten Mittheilung über die Anilinfarbstoffe wurde gezeigt, dass durch Methylviolett die Wirkung der Diastase auf Stärkekörner auffallend gehemmt werden kann. Ich werde hier nun zunächst zeigen, dass man, bei Anwendung genügend starker Concentrationen der Farbstofflösung, jegliche diastatische Wirkung vollkommen aufheben kann. Von 500 cbcm. eines concentrirten wässrigen Malzauszuges werden 250 cbcm. vermischt mit 250 cbcm. einer 1% Methylviolettlösung, so dass dadurch 500 cbcm. einer Lösung von Methylviolett von 1 : 200 entstehen, welche sehr viel Diastase enthält. Die anderen 250 cbcm. des Malzauszuges werden verdünnt mit 250 cbcm. reinen Wassers, so dass in beiden Gemischen (Methylviolettlösung und reiner, mit Wasser versetzter Auszug) die Diastase in derselben Concentration vorhanden ist. Von beiden Gemischen werden zur Prüfung auf ihre diastatische Wirkung je 60 cbcm. abgenommen und in kleinen Kölbchen mit etwas fester Weizenstärke versetzt. Die Kölbchen verweilten im Zimmer bei gewöhnlicher Temperatur. Nach 36 Stunden ist die in dem normalen Auszuge befindliche Stärke sehr heftig corrodirt; es sind ziemlich viel Bacterien entstanden; die im Methyl-

---

oder Enzymologie, Heidelberg 1882) eingehend dargelegt. In einem demnächst in der Botan. Zeitung erscheinenden Aufsatze werde ich nachweisen, dass bei der vom lebenden Protoplasma selbst besorgten Auflösung der Stärkekörner dieselben Erscheinungen sich abspielen, wie sie von Krabbe (Untersuchungen über das Diastaseferment unter specieller Berücksichtigung seiner Wirkung auf Stärkekörner innerhalb der Pflanze, Pringsheim's Jahrbücher, Bd. 21, Heft 4, 1890) vor Kurzem als bei der rein enzymatischen Auflösung vor sich gehend erkannt und beschrieben worden sind.

violett-Auszuge befindliche Stärke ist tief blau-violett gefärbt, aber im Uebrigen ganz unverändert geblieben. Bacterien sind hier keine entstanden.

Nach 4 Tagen ist im normalen Auszuge die Stärke bis auf geringe Spuren aufgelöst; in dem Methylviolett-Auszuge sind alle Körner intact, Bacterien sind nicht vorhanden. Methylviolett in der Concentration 1 : 200 hebt also die Diastasewirkung gänzlich auf. Man könnte sich nun vorstellen, dass diese Verhinderung der Diastasewirkung in dem mit Methylviolett versetzten Malzauszuge gar nicht in Folge einer Einwirkung des Farbstoffes auf die Diastase, sondern einfach dadurch zu Stande käme, dass, da in Folge der starken Imprägnirung der Stärkekörner mit dem Farbstoffe (die Stärkekörner sind sämmtlich tief violett gefärbt) alle Micellarinterstitien des Stärkekorns mit Farbstoffmoleculen angefüllt sind, und dass hierdurch die an sich intact gebliebene Diastase einfach mechanisch gehindert würde, in das Stärkekorn einzudringen; allein diese Vorstellung wäre unbegründet, denn wie Krabbe, l. c., vor Kurzem in überzeugender Weise dargelegt hat, findet bei der diastatischen Lösung des Stärkekorns überhaupt kein Eindringen des Enzyms in das Korn statt, letzteres wird, entgegen den bisherigen Ansichten, gar nicht ausgelaugt, sondern das Enzym wirkt von Aussen und es findet so ein allmähliches Abschmelzen des Kornes statt, wobei die in Lösung gehende Stärke dann weiterhin in Dextrin und Zucker übergeführt wird. Wenn also in mit Methylviolett versetzten Malzauszügen die Diastasewirkung geschwächt oder, bei genügender Concentration des Farbstoffes, schliesslich ganz aufgehoben wird, so kann das nur dadurch bedingt sein, dass der Farbstoff direct auf das Enzym einwirkt, entweder chemisch, indem er Verbindungen mit dem Enzym eingeht und dieses dadurch umwandelt, oder rein mechanisch, indem er zwischen die Enzymmicelle eindringt und, sie verstopfend, an ihren Schwingungen hindert. Nachdem nun, wie oben mitgetheilt wurde, constatirt werden konnte, dass im normalen Malzauszug bereits weitgehende Corrosion der Stärkekörner eingetreten war, während in dem Methylviolett-Auszuge die Stärkekörner noch ganz intact waren, werden nun beide grossen — nicht mit Stärke versetzten — Gemische mit grossen Mengen abs. Alkohol versetzt und die entstandenen dicht flockigen Niederschläge auf dem Filter gesammelt und wiederholt mit Alkohol ausgewaschen. Der in der Farbstofflösung erhaltene Niederschlag wird trotz wiederholten Auswaschens nicht farblos, sondern bleibt schwach blau gefärbt. Beide Niederschläge werden dann bei 30° im Wärmschrank getrocknet. Nach dem Trocknen ist der Niederschlag aus dem normalen Malzauszug hellbraun, hornartig, brüchig; der Methylviolett-Niederschlag hellblau (weisslich blau) gefärbt, ebenfalls hornartig, brüchig. Beide Niederschläge werden nun fein zerrieben und 24 Stunden lang mit je 30 cbcm. Wasser aufgenommen, dann filtrirt. Das Filtrat des normalen Niederschlags ist strohgelb, ganz vom Aussehen eines concentrirten frischen Malzauszuges; das Filtrat des Methylviolettniederschlages ist sehr schwach, eben erkennbar blau gefärbt. Beide Filtrate werden jetzt mit etwas fester Weizenstärke versetzt, und bleiben im Zimmer bei gewöhnlicher Temperatur. Nach 48 Stunden zeigt sich in beiden Extracten die Stärke lebhaft angegriffen, an vielen Körnern sind bereits weitgehende Stadien der Corrosion. Es ist also die mit Methylviolett versetzt gewesene Diastase nicht getödtet, d. h. dauernd unwirksam gemacht oder chemisch verändert worden, sondern es ist ihre Wirkung nur temporär aufgehoben worden, so lange sie nämlich mit dem Methylviolett in directer Berührung war. Nachdem sie durch die Alkoholbehandlung von dem Methylviolett getrennt und in reinem Wasser wieder in Lösung gebracht war, zeigte sie ihre frühere Wirksamkeit wieder. Es liegt also hier ganz bestimmt eine rein mechanische Verhinderung der Diastasewirkung durch das Methylviolett vor und da nun, wie ich schon andeutete, das diastatische Enzym, wie die Enzyme überhaupt, in seinem ganzen Verhalten seine nahe Verwandtschaft zum lebenden Protoplasma dokumentirt, so dürfte das wohl bemerkenswerthe Resultat dieses Versuches immerhin einiges Licht werfen auf die Art und Weise der Schwächung der Thätigkeit des Protoplasmas in Folge von Speicherung von Anilinfarbstoffen, insofern ein grosser Grad von Wahrscheinlichkeit vorliegt, dass die Anilinfarben auch das Protoplasma zunächst rein mechanisch an seiner Action hindern, bis dasselbe, dadurch abgetödtet, dann in vielleicht anderer Weise die Anilinfarbstoffe bindet.

Ich will jetzt, um zu zeigen, dass die antiseptischen Eigenschaften der Anilinfarbstoffe durchaus nicht auf die Bacterien allein beschränkt sind, noch einige, mit Schimmelpilzen angestellte Versuche folgen lassen.

Versuche mit Penicillium glaucum. Es werden Brödchen durch einige Minuten langes Eintauchen getränkt mit Methylviolettlösung in der Concentration a) 1 : 5000; b) 1 : 10000; c) 1 : 20000; d) 1 : 40000 und ausserdem zur Controle ein Brödchen mit gewöhnlichem Wasser durchtränkt. Auf die so hergerichteten Böden werden Penicilliumsporen ausgesäet. Die Culturen verweilen bei gewöhnlicher Zimmertemperatur. Nach 3 Tagen ist die Controlcultur normal bewachsen und der Pilz bereits dicht fructificirend; in allen mit Farbstofflösung behandelten Culturen hat dagegen eine direct sichtbare, auffallende Entwickelungshemmung stattgefunden; denn d) ist viel schwächer mit Penicillium bewachsen, die einzelnen Rasen sind dicht, circumscript, von sehr kleinem Durchmesser, aber fructificirend; bei c) sind kleine, weisse Mycelhöckerchen gebildet, von Sporangien ist nichts zu sehen; bei b) sieht man hin und wieder ein winziges Mycelpüncktchen, ebenfalls ohne Sporangienbildung, in a) ist überhaupt nichts aufgekommen.

Dieser Versuch ist natürlich kein exacter, denn in keinem einzigen der mit Farbstofflösung behandelten Brödchen hatte eine vollständige Durchtränkung mit der Farbstofflösung stattgefunden, sondern letztere war nur mehr oder weniger oberflächlich eingedrungen. Zur Herbeiführung einer vollständigen, gleichmässigen Durchtränkung würde man die Brödchen zu lange in der Farbstofflösung haben verweilen lassen müssen, so dass ein einfaches Auseinanderbröckeln des Brödchens in Folge zu grosser Weichheit eingetreten wäre. Immerhin aber vermögen selbst diese Versuche zu demonstriren, dass das Methylviolett auf die Keimung der Penicillinmsporen einen gewaltigen Einfluss ausübt.

Es wurde nun in anderer Weise verfahren, indem Penicilliumsporen in $1^o/_{oo}$ Methylviolettlösung gebracht und hierin verschieden lange Zeit belassen wurden, und zwar a) 2 Minuten, b) 15 Minuten, c) 30 Minuten, d) 45 Minuten, e) 60 Minuten. Dann wurden die mit einem feinen Pinsel aus der Farbstofflösung herausgenommenen Sporen zur Beseitigung des überschüssigen Farbstoffes in einem Uhrgläschen mit etwas Wasser abgewaschen und wurden sodann in Strichcultur in Agar auf dem Objectträger ausgesäet. Gleichzeitig wurde eine Controlcultur von ungefärbten Sporen angelegt. Die Culturen verweilten im feuchten Raume bei gewöhnlicher Zimmertemperatur. Unmittelbar nach der Aussaat zeigten sich die Sporen bei a) viele violett, die meisten kaum gefärbt oder ganz farblos; bei b) die meisten tief violett, einige noch nicht gefärbt: bei c) alle tief violett, ebenso bei d) und e).

16 Stunden nach der Aussaat wird controlirt und ergiebt sich Folgendes: In der Controlcultur haben, mit sehr wenigen Ausnahmen, sämmtliche Sporen normal gekeimt, die Keimschläuche z. Th. schon verzweigt; die Cultur a) zeigt nur wenige — tief gefärbte — Sporen unverändert, die meisten, darunter auch gefärbte Sporen, sind im Beginn der Keimung, d. h. sie sind stark kugelig angeschwollen; ihr Inhalt erscheint dabei eben erkennbar blau gefärbt: einige Sporen aber haben auch schon ganz kurze Keimschläuche getrieben, deren Plasma sehr schwach blau erscheint. Gegenüber der normalen Cultur ist bei diesen — nur zwei Minuten in der Farbstofflösung gelegenen — Sporen eine ganz auffallende Entwickelungshemmung zu constatiren. Die Cultur b) zeigt alle einzeln liegenden, tief gefärbten Sporen unverändert; einzelne schwach gefärbte sind angeschwollen, im Beginn der Keimung; da wo Sporen in Haufen zusammengeballt liegen, sieht man aus dem Sporenknäuel kurze Keimschläuche getrieben, deren Plasma ungefärbt ist. Die Cultur c) zeigt die einzeln liegenden, sämmtlich tief gefärbten Sporen unverändert, aus in Haufen liegen-

den Sporen sieht man ganz kurze, schwach gefärbte und ungefärbte Keimschläuche heraustreten. Die Cultur d) verhält sich ebenso, in e) sieht man die meisten Sporen, sicher über 95 % der ausgesäten, tief gefärbt und unverändert liegen, hin und wieder hat eine Spore einen ganz kurzen Keimschlauch getrieben, deren Plasma blau gefärbt erscheint[1]). Nach weiteren 24 Stunden ist in der Controlcultur bereits reichliche Sporangienbildung eingetreten; in der Cultur a) ist bei den gekeimten Sporen gute Weiterentwickelung erfolgt, Sporangien sind aber noch nicht gebildet, man sieht auch noch viele ungekeimte Sporen. In der Cultur b) ist sehr geringe Weiterentwickelung eingetreten. An den anderen Culturen ist keine Veränderung zu constatiren.

[1]) Die Thatsache, dass die Sporenmassen so leicht in Haufen zusammengeballt sind, macht die Behandlung der Sporen mit Methylviolett sehr unsicher, denn diese Sporenhaufen schliessen immer Luft ein, welche capillar und daher sehr fest gehalten wird. Wasser und wässerige Lösungen vermögen daher gar nicht oder nur nach sehr langer Zeit jede einzelne Spore vollkommen zu benetzen. Will man aber aus solchen Sporenhaufen, um jede Spore von der Lösung umspülen zu lassen, die Luft entfernen, so ist Alkohol anzuwenden, ein Verfahren, welches natürlich die Keimfähigkeit der Sporen herabsetzt und so das wirkliche Resultat trübt und in obigen Versuchen daher von vornherein ausgeschlossen war. Auch das Auspumpen der Sporenhaufen mit Hülfe der Luftpumpe nützt nicht viel, wie ich mich überzeugte. An den in die Methylviolettlösung gebrachten Sporenhaufen waren daher nur die aussen gelegenen Sporen wirklich tingirt, während die inneren, von Luft umgebenen Sporen entweder nur schwach tingirt oder überhaupt nicht mit dem Farbstoff in Berührung gekommen waren. In Folge dieses Missstandes verlieren auch obige Versuche an Exactheit, doch zeigt sich immer, wenn man sich nur auf die isolirt liegenden und nachweislich gefärbten Sporen beschränkt, das bemerkenswerthe Resultat, dass bereits ein Verweilen der Penicilliumsporen in Methylviolettlösung 1 %$_{00}$ während einiger Minuten, eine starke Entwickelungshemmung herbeiführt, dass ein Verweilen von 30—60 Minuten aber die meisten Sporen an der Keimung definitiv verhindert.

Versuche mit Phycomyces nitens. Die Sporen dieses Schimmelpilzes sind vielmals grösser als die von Penicillium, sie nehmen den Farbstoff schwerer auf als die letzteren; zeigen sich aber entschieden empfindlicher gegen denselben. Es wurden, ganz in der für Penicillium angegebenen Weise, ausser der Controlcultur solche angelegt von Sporen, welche in $1^0/_{00}$ Methylviolettlösung gelegen hatten, a) eine Stunde b) 3 Stunden, c) 5 Stunden. Gleich nach dem Ueberimpfen der Sporen auf Agar zeigen sich dieselben bei a), b) und c) sämmtlich tief violett gefärbt. Während die Controlcultur ganz normal angeht und nach 2 Tagen bereits Sporangienbildung zeigt, ist von den gefärbten Sporen — die intensiv gefärbt geblieben sind — auch nicht eine gekeimt oder überhaupt nur etwas angeschwollen.

Versuche mit Aspergillus niger. Die Sporen dieses Pilzes sind schwer färbbar, sind aber nichtsdestoweniger sehr empfindlich gegen Methylviolett. Sporen, welche 1 Stunde in $1^0/_{00}$ Methylviolettlösung gelegen hatten, wurden auf die oben angegebene Weise in Strichcultur auf Agar ausgesät; gleichzeitig wurde eine Controlcultur von ungefärbten Sporen angelegt. Nach 18 Stunden sind in letzterer die meisten Sporen kugelig angeschwollen, also eben im Beginn der Keimung, viele Sporen aber noch unverändert. In der mit gefärbten Sporen beschickten Cultur zeigen sich die meisten Sporen eben erkennbar blau gefärbt, eine Veränderung zur Keimung ist aber bei keiner zu bemerken. Es wird jetzt noch eine Cultur angelegt von Sporen, welche die ganze Zeit über, also 18 Stunden, in der Farbstofflösung verweilt hatten; diese letzteren sind gleich bei der Aussaat sämmtlich gut blau gefärbt.

Nach weiteren 24 Stunden sind nun in der Controlcultur mit sehr wenigen Ausnahmen alle Sporen normal gekeimt; Keimschläuche bereits sich verzweigend; in der Cultur, deren Sporen 1 Stunde in der Farbstofflösung verweilt hatten, sieht man nicht einen Keimschlauch getrieben, viele Sporen sind angeschwollen und bei ihnen erkennt man, wie der Inhalt jeder Zelle leicht blau gefärbt ist; die meisten Sporen aber sind überhaupt nicht verändert. In der zuletzt angelegten Cultur (Sporen 16 Stunden in der Farbstofflösung) ist keine Veränderung der Sporen zu bemerken.

Nach weiteren 24 Stunden ist in der Controlcultur der Pilz sehr üppig gewachsen, der ganze Nährboden ist vom Mycel dicht durchzogen; Sporangien sind aber noch nicht gebildet. In der gleichzeitig mitangelegten Cultur (Sporen 1 Stunde in der Farbstofflösung) sind von Hunderten von Sporen nur sehr wenige, ganz vereinzelte, gekeimt; die Keimschläuche sind sehr kurz, kaum merklich länger als der Durchmesser der Sporen. Alle übrigen Sporen — sicher über 98 % der ausgesäten — sind ganz unverändert geblieben. In der anderen Cultur ist alles wie vorher.

Auch hier zeigt sich also eine ganz auffallende Entwickelungshemmung, resp. vollständige Verhinderung der Keimung bei den mit Methylviolett behandelten Sporen.

II. Physiologisch-medicinischer Theil.

Was die Wirkung der reinen Anilinfarbstoffe auf die thierische Zelle anlangt, so ist dieselbe von der auf die pflanzliche kaum verschieden. Die lebende Zelle nimmt den Farbstoff auf, färbt sich jedoch nicht sehr intensiv und giebt den Farbstoff wieder ab. Dies zeigen sowohl die Versuche, bei denen stark färbende Lösungen in das Auge eingeträufelt oder subcutan injicirt werden. Leben die Gewebe, in die der Stoff hineingebracht wird, so färben sie sich zwar, allein in verhältnissmässig kurzer Zeit tritt die Entfärbung ein. Bereits absterbende oder abgestorbene Gewebe färben sich intensiver und geben den Farbstoff nicht eher ab, als bis sie selbst abgestossen werden, wie die oberflächlichen Zelllagen der Haut oder der Conjunctiva. Der auffallende Umstand, dass sich bei Einträufelungen in das Auge die Conjunctiva sehr intensiv, die Cornea hingegen gar nicht sichtbar färbt, ist darauf zurückzuführen, dass durch den Lidschlag die oberflächlichen abgestorbenen Epithelzellen der Cornea fortwährend entfernt werden, während das Abstossen des Conjunctivalepithels langsamer vor sich geht.

Wird es schon hierdurch wahrscheinlich, dass auch für die thierische Zelle die Wirkung der Anilinfarbstoffe eine hauptsächlich mechanische ist, so wird diese Ansicht weiterhin gestützt durch Versuche an Thieren, deren ganzer Organismus der Einwirkung des Stoffes unterworfen wird. Goldfische können 24 Stunden lang in einer Methylviolettlösung von 1 : 200 000 leben, ohne Schaden zu nehmen, dann in stärkere Lösungen von 1 : 100 000 gebracht können sie zu Grunde gehen. Die Untersuchung zeigt dann Schuppen wie Flossen stark blau gefärbt, sehr intensiv blau gefärbt sind die Kiemen, das Herz, der Darm, ungefärbt der Eierstock und die Schwimmblase, gefärbt dagegen sind eine Anzahl Kerne der Blutkörperchen. Diese letzteren findet man auch bei Fröschen, die in Methylviolettlösungen gesetzt und der Diffusion und Resorption durch die Haut ausgesetzt werden, gefärbt.

Ein kräftiger Karpfen wurde in eine starke Lösung von Methylviolett 1 : 50 000 gesetzt und eine Stunde darin gelassen. Das Thier zeigte nichts besonders Abnormes, legte sich aber bei der Herausnahme auf die Seite, erholte sich zwar wieder, als er in ein Aquarium mit fliessendem Wasser gebracht wurde, ging jedoch im Laufe des Tages zu Grunde. Die Untersuchung ergab aber, dass sämmtliche inneren Organe, wie auch die Musculatur gänzlich ungefärbt waren, nur das Herz zeigte eine leichte Verfärbung, und Blutproben, demselben entnommen, zeigten die Kerne der Blutkörperchen blau gefärbt. Dagegen zeigten die Kiemen eine intensiv dunkelblaue Verfärbung.

In diesem Falle war, wie auch die Meinung Prof. Goette's lautete, in dessen Institut dieser Versuch ausgeführt worden ist, der Tod einfach durch die Verpappung der Kiemen hervorgerufen worden. Ob nicht in dem vorher beschriebenen Versuch ganz dasselbe Moment ausschliesslich anzuklagen sei, ist mit Bestimmtheit nicht anzugeben, da nach den früher mitgetheilten Thierversuchen angenommen werden muss, dass wenn der Farbstoff die inneren Organe durchdringt, er durch Färbung und schliessliche Abtödtung wichtiger Nervencentren, sowie durch Hemmung der normalen enzymatischen Vorgänge den Tod herbeizuführen im Stande ist. Keinenfalls kann hier eine eigentliche Giftwirkung im chemischen Sinne vorliegen, da schon die Thatsache, dass der Farbstoff unverändert in die Kerne einer Anzahl Blutzellen eindringt und auch innerhalb dieser sich nicht entfärbt, mindestens sehr dafür spricht, dass innerhalb des Blutes durch die Einführung des Stoffes keinerlei chemische Veränderung der Zusammensetzung des Blutes bewirkt wird.

Versuche, welche mittelst rein mechanischer Einpulverung des reinen Stoffes in den Conjunctivalsack angestellt sind, sprechen weiterhin in hohem Grade dafür, dass man es dabei nicht mit einer chemischen Wirkung, wie die eines Aetzmittels oder mindestens einer sehr stark reizenden Substanz sein müsste, zu thun hat. Ich will einige Versuche der Art hier anführen.

Einem weissen Kaninchen wird Morgens 10 Uhr reine Substanz vollständig frei von Arsen, Chlorzink und Schwefelkupfer in reichlicher Menge in den Conjunctivalsack gepulvert. Das ganze Auge erscheint tief blau gefärbt. Keine Reizung, das Thier hält das Auge weit offen.

Nachmittags. Noch keine Spur von Reizung, trotzdem die Conjunctiva wie vergoldet und die untere Hälfte der Hornhaut tief blau gefärbt ist, ein Beweis, dass die Menge der eingepulverten Substanz stark genug war, um auch das Epithel der Cornea abzutödten.

Am folgenden Tage Morgens. Das Lid ist ein wenig geschwollen, jedoch das Auge sonst reizlos, die Cornea ist klar und spiegelnd, von der Conjunctiva stossen sich intensiv blau gefärbte Epithelzellen ab.

Wenn sich die abgetödteten blau gefärbten Epitheldecken abgestossen haben, pflegen sich die Thiere durch Kratzen und Reiben selbst und gegenseitig zu verletzen und dann zu inficiren. So bekam ein Thier mehrere Tage nach der Einpulverung Hypopion Keratitis. Dass nicht etwa das Methylviolett daran Schuld gewesen, bewies die rasche Heilung der Affection durch dreiste Anwendung von 1 pro Mille Lösung, die innerhalb zweier Tage zu Stande kam; der Eiter, der sich selbst in der Vorderkammer deutlich blau gefärbt hatte, war verschwunden.

Einem anderen Kaninchen, welches in Folge einer schweren, nach subcutanen Injectionen entstandenen Infection an ausgedehnter Eiterung des einen Hinterbeines litt, in Folge dessen sich ruhig verhalten musste und sich nicht kratzen konnte, wurde ebenfalls massenhaft Substanz in den Conjunctivalsack eingepulvert. Noch länger als acht Tage war die Cornea glatt und spiegelnd, trotz starker Lidschwellung, die dabei ohne jede schleimige oder eiterige Secretion bestand. Die ausgedehnte Eiterung am Hinterbein wurde durch eine einmalige reichliche Aufpulverung reiner Substanz geheilt, mit einem Schlage war der penetrante Gestank, sowie die Eiterung coupirt und kehrte nicht wieder.

Einer grossen Hündin pulverte ich reichlich reine Substanz in den Conjunctivalsack. Ich beobachtete das Thier unmittelbar nachher noch mehrere Stunden lang, es gab keinerlei Zeichen von Schmerz zu erkennen, und hielt das tief blau gefärbte Auge weit offen. Am anderen Tage waren Conjunctiva und Lider stark geschwollen. Diese Schwellung dauerte etwa 8 Tage, die Conjunctiva war mit Membranen belegt, aber von irgend einer schleimigen oder gar eitrigen Secretion war nie etwas wahrzunehmen. Die Cornea überzog sich mit einem Pannus, der sich wieder zurückbildete, auch bei Kaninchen, denen man irgend einen Eingriff am Auge gemacht hat, eine häufige Erscheinung.

Es geht hieraus zur Genüge hervor, dass die Wirkung des Stoffes auf das thierische Auge nicht die eines gewöhnlichen Aetzmittels sein kann. Nach Anwendung eines solchen würden sich Zeichen lebhaften Schmerzes, Schluss des Auges und später starke Secretion einstellen. Hier kann die Wirkung nur so erklärt werden, dass der Stoff in die Zellen diffundirt, sie abtödtet, die abgetödteten Zellagen wie Pseudomembranen abgestossen werden. Die Lidschwellung entsteht vielleicht nicht einmal durch secundäre Reizung resp. nachträgliche Infection, sondern es ist weit eher anzunehmen, dass sie in Folge einer Paralyse der Gefässnerven entsteht.

Zudem reagirt das menschliche Auge weit weniger.

Einer in meiner Klinik befindlichen harmlosen Geisteskranken, die ich auf dem einen Auge wegen Glaukom mit Erfolg iridectomirt, die aber auf dem anderen an Glaukoma absolutum unheilbar erblindet war, pulverte ich in eben dieses Auge reichlich reines blaues Pyoctanin ein. Es entstand vom zweiten Tage ab eine starke Hyperämie der Conjunctiva, aber ohne Secretion und ohne Lidschwellung. Die Patientin hielt während der acht Tage, die die Hyperämie anhielt, das Auge beständig weit geöffnet, an der Cornea zeigte sich nicht die geringste Veränderung.

Einem neugeborenen Kinde mit Blenorrhoe, von der Mutter mit Scheidentripper infizirt, waren beide Hornhäute perforirt, ohne dass die Eiterung nachgelassen hatte, ein verzweifelter Fall. Ich pulverte reine blaue Substanz ein. Erst nach einigen Tagen, während jeden Tag reichlich eingepulvert wurde, trat eine mässige Lidschwellung ein, während die Eiterung zugleich nachliess. Es wurde schliesslich ein Erfolg erzielt, der für diesen verzweifelten Fall ein glücklicher zu nennen war, indem von der Hornhaut so viel erhalten geblieben ist, dass eine Iridectomie in Aussicht genommen werden kann, was sonst wohl nicht der Fall gewesen wäre.

Nach Einträufelungen von Lösung, bei Versuchsthieren in der Regel 1 : 1000 habe ich niemals eine Reizung eintreten sehen, ebensowenig beim Menschen, obwohl ich Hunderte von Patienten damit behandelt habe. Ich habe sogar Lösungen von 1% lange fortgesetzt, ohne etwas anderes als etwas Hyperämie hervorzurufen, die sehr rasch mit Verringerung der Dose verschwand.

Kaninchen habe ich auf dem Rücken grosse Hautwunden beigebracht, dann das subcutane Gewebe gelockert und in die so entstandene grosse Höhlung grosse Mengen reiner Substanz 2 bis 3 gr. eingeführt. Die grosse Wunde verklebt unter Bildung eines wie vergoldet aussehenden Schorfes, es zeigt sich in der Umgebung nicht die allermindeste Schwellung oder Entzündung, das Allgemeinbefinden der Thiere ist ohne jede Störung.

Für die äussere Application, wie sie bei chirurgischen Krankheiten aller Art zu geschehen hat, kann demnach der Stoff als vollständig ungiftig angesehen werden. Ein Gramm eines Anilinfarbstoffes ist aber wegen des geringen specifischen

Gewichtes eine so grosse Menge, dass sie genügt um eine Wund- oder Geschwürfläche von schon sehr beträchtlicher Ausdehnung zu bedecken und einen Schorf auf ihr zu erzeugen.

Bereits Ehrlich[1]), der mit Alizarin gearbeitet hat, und höchst wahrscheinlich mit Arsen, Chlorzink oder Schwefelkupfer verunreinigten Stoffen, giebt an, dass 0,68 Alizarin pro Kilogramm Kaninchen, also etwa $1^1/_4$ gr. für ein Kaninchen, den Tod nicht herbeiführe, und zwar bei subcutanen Injectionen, wobei sich der Stoff viel leichter im Körper vertheilen kann, als wenn man reine Substanz in eine Wunde bringt. Eine ungefähre Rechnung würde demnach darthun, dass man einem Menschen wenigstens 50 gr. reiner Substanz ohne Gefahr auf eine Wundfläche pulvern könne, eine colossale Quantität, für die man auch annähernd niemals Verwendung haben wird[2]).

Angesichts der Thatsache, dass die unschuldigste Substanz, wie destillirtes Wasser oder Kochsalz in sehr grosser Menge in den Organismus eingeführt tödtlich wirken kann, sind demnach die Anilinfarbstoffe, zumal die von allen Beimengungen, Arsen, Kupfer, Chlorzink befreiten, als völlig ungiftig zu bezeichnen.

---

[1]) Das Sauerstoffbedürfniss des Organismus. Berlin 1885.

[2]) Dass übrigens die innerliche Wirkung des Anilinfarbstoffes als eine rein mechanische zu betrachten ist, geht auch daraus hervor, dass bei Fütterungsversuchen der Darm blau gefärbt ist, dagegen wird der Magen nicht blau gefunden, ebenso ist es bei directen Injectionen in die Peritonealhöhle. Der Farbstoff wird also durch die Salzsäure des Magens reduzirt, dagegen im Darm sofort wieder oxydirt und er verlässt den Darm auch in diesem ursprünglichen Zustande, wie schon die intensiv blaue Färbung des Fäces dargethan hat. Dasselbe gilt für den Harn.

Die seit meiner ersten Mittheilung bekannt gewordenen Erfahrungen haben diese Ungiftigkeit auch völlig bestätigt.

Ich selbst habe seither nicht nur bei Versuchsthieren, sondern auch beim Menschen gelegentlich die reine Substanz massenhaft auf Wund- und Geschwürflächen ohne jede schädliche Wirkung aufgepulvert. Was ferner die Ausspritzung seröser Höhlen betrifft, so liegen bereits Erfahrungen vor, die auch in dieser Beziehung die Ungiftigkeit des Stoffes bestätigen. Bei Empyemen habe ich Lösungen von Methylviolett von 1 : 5000 bis 1 : 1000 ohne Schaden in grossen Mengen einspritzen sehen. Ehrlich[1]) hat von innerlichen Gaben des Methylenblau bis zu 1,0 gr. täglich keine toxischen Erscheinungen gesehen. Ebenso giebt Kremianski[2]), der schon früher in dieser Form die Anwendung der Anilinfarbstoffe empfohlen hat, an, dass Inhalationen von diesen Stoffen nicht nur unschädlich, sondern nützlich seien.

Am vollständigsten finden sich die unschädlichen Wirkungen dargelegt in der Schrift von Grandhomme[3]), der bei Anilinarbeitern, obwohl dieselben den Farbstaub in grossen Mengen täglich schlucken und einathmen müssen, niemals schädliche Wirkungen constatiren konnte.

Die Anilinfarbstoffe sind ausserordentlich diffusibel, sie durchdringen die Gewebe des Körpers mit grosser Leichtigkeit. Wenn man einem Kaninchen eine Injection von 15 cbcm

---

[1]) Ueber schmerzstillende Wirkung des Methylenblau. Deutsche medic. Wochenschr., 1880, No. 23.
[2]) The Lancet, Juli 1890.
[3]) Die Theerfabriken etc., Farbwerke vom Meister Lucius etc. Heidelberg 1883.

einer 1 pr. Mille Lösung unter die Rückenhaut injizirt, kann man kurze Zeit nachher, wenn man das Thier tödtet, die Innenfläche der Bauchwand gefärbt finden. Spritzt man eine Methylviolettlösung in ein Empyem, so ist der Auswurf der Kranken tagelang blau gefärbt. Dass der Stoff sehr rasch durch die Hornhaut diffundirt, die Iris färbt und die Pupille zu erweitern vermag, wie ich in meiner ersten Mittheilung angegeben habe, ist bereits auch von anderer Seite bestätigt worden.

Ein vollgiltiger Beweis für seine starke Diffusionsfähigkeit ist die oben angeführte Thatsache von der Färbung der Kerne der Blutkörperchen, vermuthlich der absterbenden.

Was die entwickelungshemmenden und keimtödtenden Eigenschaften des Pyoktanins betrifft, so sind dieselben bereits in dem vorigen Abschnitte hervorgehoben worden.

Der antiseptische Einfluss auf die Eiterkokken ist ein ganz ausserordentlicher. Was ferner das klassische Prüfungsobject, die Milzbrandbazillen, betrifft, so ist durch Jänicke[1]) constatirt worden, dass eine Versetzung der Nährflüssigkeit mit Methylviolett im Verhältniss 1 : 1 000 000 bereits die Entwickelung der Bazillen völlig unmöglich macht. Nach Koch leistet dies das Sublimat erst in einer Verdünnung von 1 : 330 000. Ganz abgesehen davon, dass nach den Untersuchungen von Geppert[2]) das Sublimat die ihm zugeschriebene antiseptische Wirkung nicht besitzt und nur durch die angewandten Methoden vortäuscht, welche in unseren Versuchen nicht verwandt

---

[1]) L. c., S. 462.
[2]) Ueber desinficirende Mittel und Methoden. Berl. klin. Wochenschrift, 1890, No. 11.

worden, sondern in dieser Beziehung völlig einwandfrei sind, ist demnach die antiseptische Wirkung des Pyoctanins mehr als dreimal so gross als die des stärksten, bisher bekannten Antisepticums, des Sublimats. Nun ist allerdings hinzuzufügen, dass in Bezug auf die Eitercoccen (Staphyl. pyogenes aureus) das Sublimat eine stärkere Wirkung äussert, als auf den Bac. anthracis. Vergleichende Versuchsreihen, welche ich in dieser Beziehung angestellt habe, zeigten dass Sublimat in Nährlösung im Verhältniss 1 : 2 Millionen die Entwickelung völlig hemmt. Auch Versuche mit Agarculturen, wobei Sublimat im Verhältniss von 1 : 1000 bis 1 : 128000 zugesetzt wurde, zeigten dieselbe Entwickelungshemmung als mit Methylviolett unter gleichen Verhältnissen, 1 : 1000 bis 1 : 2000 in Agar hemmt Beides die Entwickelung vollständig.

Nach Geppert werden aber krankheitserregende Organismen, die mit Sublimat unschädlich gemacht sind, wieder toxisch, sobald das Sublimat auf rein physikalischem Wege von ihnen gelöst wird, was nach diesem Forscher sehr leicht ist. Und gerade in dieser Beziehung sind die Anilinfarbstoffe dem Sublimat überlegen, wenn auch die entwickelungshemmende Wirkung bei den Eitercoccen die gleiche ist. Der Vorzug der Anilinfarbstoffe besteht eben darin, dass sie in das Plasma eindringen, während das Sublimat offenbar sich nur auf die Umhüllungsmembran der Zelle niederschlägt.

Eine Zelle die mit dem Anilinfarbstoff lange genug in Berührung gewesen ist, um sich tief zu färben und damit ihre Proliferationsfähigkeit zu verlieren, lässt den Farbstoff nicht mehr los. Ich habe Culturen von Eitercoccen auf Deckgläschen ausgebreitet, nur eine halbe Minute lang mit einer Methylviolettlösung von 1 : 200 in Berührung gelassen und dann mit $2^1/_2\%$ Alcohol auszuziehen versucht. Nach 8 Stunden untersuchte ich die Cultur wieder und fand sie nach wie vor durchweg tief gefärbt. Vermag aber Alcohol nicht den Farbstoff auszuziehen, dann vermögen es die wässerigen oder Eiweisslösungen noch weniger.

Bevor ich weiter gehe, sehe ich mich genöthigt, einige Einwände zu widerlegen, die mir einmal bezüglich der antiseptischen und ferner bezüglich der physiologischen Wirkung gemacht worden sind.

Bezüglich des ersten Punktes sind in dem pathologischen Institut zu Tübingen Versuche gemacht worden, die den meinigen zu widersprechen scheinen. So behauptet Troje[1]), dass eine Lösung von 1 : 64000, wie ich dies in der ersten Mittheilung angegeben habe, die Coccen nicht abgetödtet, sondern nur einen entwickelungshemmenden Einfluss auf dieselben ausgeübt habe.

Die gebräuchliche Methode des Weiterimpfens auf ungefärbte Nährböden ist meiner Meinung nach in diesem Falle durchaus unrichtig. Denn so gross die Diffusionskraft des Methylvioletts ist, so ist sie doch nicht unendlich und wenn man im Reagenzglase eine voll entwickelte Cultur des Staph. aureus übergiesst, sei es auch mit einer Lösung von 1 auf 1000, so kann sehr leicht sich nur die Oberfläche der Cultur, die eine zähe pappige, schwer zu durchdringende Masse darstellt, färben, und bei der Ueberimpfung können einige ungefärbte oder nicht genügend gefärbte Individuen eine neue Cultur

---

[1]) Garré und Troje, Chirurgische und bacteriologische Erfahrungen über das Pyoktanin. Münch. medic. Wochenschr., 1890, No. 25.

erzeugen. Der Versuch beweist nur im negativen Falle aber nicht im positiven. Wenn ich angebe, dass eine Lösung von einer bestimmten Concentration die Coccen abtöte, so heisst das natürlich für den Fall, dass die Coccen auch wirklich in der Lösung sind. Dass sie in meinem Falle das auch wirklich waren, beweisen Versuche, die ich mit gefärbten Nährböden angestellt habe. Wenn eine Lösung die Coccen vernichtet, so thut dies ein mit derselben Lösung getränkter Nährboden noch lange nicht. So wachsen Eitercoccen auf Gelatine, die mit Farbstoff im Verhältniss von 1 : 64000, 1 : 128000 versetzt ist, sehr gut, während in Nährbouillon schon 1 : 2000000 kein Wachsthum mehr aufkommen lässt.

Um zu beweisen, dass der Grundversuch der ersten Mittheilung, dass nämlich eine noch nicht entwickelte Cultur in Agar mit einer Pyoktaninlösung von 1 : 64000 übergossen nicht weiter wächst, nicht auf eine einfache Entwickelungshemmung zurückzuführen ist, wurden sowohl Nährgelatine als Agar mit dem Farbstoff versetzt, und zwar die Gelatinekulturen im Verhältniss von 1 : 64000, 1 : 128000 u. s. f. bis zu 2000000, die Agarculturen von 1 : 4000 bis 1 : 64000. Die Controlculturen waren vor der Erkaltung statt der Farbstofflösung in gleicher Menge mit sterilisirtem Wasser versetzt.

In den Gelatineculturen wuchs überall der eingeimpfte goldgelbe Eitercoccus, in 1 : 64000 nicht so lebhaft.

Die Agarculturen, einige Tage im Wärmekasten gelassen, ergaben folgenden Befund:

1 : 64000. Der grösste Theil der Cultur bei der mikroskopischen Untersuchung ungefärbt, zwischendurch blaue aber nicht intensiv gefärbte Stellen.

1 : 32 000. Ein grosser Theil der Cultur ist schwach gefärbt, der Rest ungefärbt, die gefärbten Coccen zeigen aber viel intensivere Färbung als in der vorigen Cultur.

1 : 16 000. Immer noch ein sehr grosser Theil ungefärbter Coccen, die gefärbten zeigen aber viel intensivere Tinction als die vorige Cultur.

1 : 8000. Viel intensiv und auch viel schwach gefärbte Cokken, immer aber noch ein grosser Theil ohne jede Färbung.

1 : 4000. Auch hier noch sehr viel ungefärbte Coccen, die gefärbten zeigen aber tiefere Tinction als die übrigen Culturen.

Gegen die üppig entwickelte Controlcultur waren die übrigen alle je nach der Concentration des Farbstoffes mehr weniger zurückgeblieben, allein alle hatten sich weiter entwickelt.

Die Untersuchung liess leicht erkennen, dass die zuletzt in einer und derselben Cultur entwickelten Kokken die natürliche goldgelbe Farbe zeigten[1]).

Tritt also in gefärbten Nährböden naturgemäss auch eine deutliche Entwickelungshemmung auf, so ist doch das Verhältniss zu einer Lösung, die abtödtend wirkt ein ganz anderes, indem eine Lösung in der die Coccen sich nicht entwickeln können im selben Verhältniss im festen Nährboden die Weiterentwickelung zwar hemmen aber nicht vernichten kann.

---

[1]) In der Entwickelung gehemmte Culturen wachsen nicht der Fläche, sondern der Dicke nach), sie vermeiden den mit dem Antisepticum versetzten Nährboden möglichst, die Coccen wachsen auf einander, statt neben einander. Daher sind die tiefen Schichten blau gefärbt, die oberflächlichen nicht.

Will man die Abtödtung ganz streng beweisen, so muss man aus den gefärbten Coccen den Farbstoff erst wieder ausziehen, wie Jänicke¹) gethan, der nachgewiesen hat, dass 2 : 1000 den Pyogenes aureus schon nach einer Minute abtödtet. Practisch kommt dies aber gar nicht in Betracht, da wie oben angegeben ist, der einmal tief gefärbte Coccus den Farbstoff in wässriger oder Eiweisslösung nicht mehr loslässt.

Troje hat gemeint, dass ich zu meinen Versuchen entwickelte Kulturen benutzt hätte und demnach die Cultur einfach nicht weiter gewachsen wäre, weil sie bereits ausgewachsen war. Selbstverständlich habe ich das Gegentheil gethan, was auch Troje hätte thun müssen.

In Bezug auf die physiologische Wirkung des Pyoktanin ist nun aber nach Versuchen, die in der Klinik des Prof. Gräfe²) angestellt worden sind, behauptet worden, das Pyoktanin habe eine örtlich reizende Wirkung. Sogar eine Einspritzung von 0,3 cbcm einer 2 pr. Mille Lösung unter die Haut des Kaninchenohres habe eine langdauernde entzündliche Anschwellung zur Folge gehabt.

Nach Allem was oben über die örtliche Wirkung des Mittels gesagt worden ist, ist dies unvereinbar mit allen meinen Angaben, und so muss auf einer Seite ein sehr grober Fehler liegen. Ich erinnere noch an die in meiner ersten Mittheilung gemachte Angabe, dass bei Versuchsthieren, die durch Injection grosser Mengen des Farbstoffes in die Peritonealhöhle getötet wurden, sich niemals eine Spur von entzündlichen Producten irgend welcher Natur nachweisen liess, dass die

---

¹) L. c.
²) Fortschritte der Medicin, Juni 1890.

Bauchhöhle immer auffallend trocken war. Der Fehler liegt nach alledem schwerlich auf meiner Seite.

Es wird vielleicht in den in der Gräfe'schen Klinik angestellten Versuchen eine nachträgliche Infection stattgefunden haben.

Es kann auch der Fall sein, dass man in der Gräfeschen Klinik ein unreines Präparat, welches Chlorzink oder Schwefelkupfer enthielt, benutzt hat, denn es ist von dem Assistenten Gräfe's, Dr. Braunschweig, angegeben worden, dass man auch ein Grübler'sches Präparat benutzt habe. Ich habe ebenfalls ein solches einmal versucht, es aber sofort bei Seite lassen müssen, weil ich starke Reizerscheinungen erhielt. Endlich können irgend welche Versehen anderer Art vorgekommen sein, denn dass bei den dort angestellten therapeutischen Versuchen solche vorgekommen sind, ist gewiss und ich bin gezwungen weiter unten darauf noch zurückzukommen.

Soviel geht indessen selbst aus den Veröffentlichungen aus der Klinik Gräfe's hervor, dass ein örtlich reizender Einfluss nur in einzelnen Fällen gesehen wurde, während in der bei weitem grössten Anzahl der Fälle dies nicht der Fall war. Hätte aber das Pyoktanin einen solchen Einfluss, so müsste er regelmässig zu beobachten sein.

Die von anderen Seiten gemachten practischen Erfahrungen schliessen dies auch völlig aus, wovon indessen hier schon zu sprechen nicht der Ort ist.

Es geht nun aus allen bisherigen rein theoretischen Untersuchungen, den botanischen und bacteriologischen sowie den physiologischen Versuchen klar hervor, dass:

1. Die untersuchten Anilinfarbstoffe Antiseptica darstellen, die in Bezug auf ihre entwickelungshemmende und keimtödtende Wirkung alle bisher bekannten derartigen Mittel weit übertreffen. Die beiden stärksten Antiseptica sind Sublimat und Jodoform. Wie die bacteriologischen Untersuchungen gezeigt haben, ist das als blaues Pyoktanin bezeichnete Methylviolett etwa 3 mal so stark antiseptisch als Sublimat gegen die Milzbrandbacillen und ebenso wirksam wie Sublimat gegen den Staph. aureus. Dass aber Jodoform gegen Eitercoccen unwirksam ist, ist eine allgemein anerkannte Thatsache.

2. Das Pyoktanin ist eine gänzlich ungiftige Substanz. Es unterscheidet sich dadurch auf die vortheilhafteste Weise von allen anderen antiseptischen Mitteln, deren toxische Wirkung bekanntlich mit der antibacteriellen im Allgemeinen in einem sehr directen Verhältniss steht.

3. In Folge dieser Ungiftigkeit ist es für sehr viele, ja die meisten Fälle irrelevant, ob man schwache oder starke Concentrationen, ja selbst die reine Substanz nimmt. Dies gilt vor Allem für die Wund- und Geschwürbehandlung[1].

4. Das Pyoktanin coagulirt kein Eiweiss, was man keinem einzigen der bisher bekannten Antiseptica nachrühmen kann.

5. Es besitzt ein ausserordentlich hohes Diffusionsvermögen, es dringt in das Innere des Auges wie Atropin, und ähnlich in andere Gewebe.

---

[1] Speciell für Augenkrankheiten gilt dies natürlich nicht, wie aus allem Dargelegten ersichtlich ist.

Wenn es nun in der That nicht gelingen sollte mit einem solchen Mittel practisch etwas auszurichten, so sind nur zwei Fälle möglich:

1. Entweder ist es unmöglich die Technik, welche zur Anwendung eines solchen Mittels gehört, derartig auszubilden, dass man es wirklich im einzelnen Falle dahin bringt wo die pathogenen Mikroorganismen sich befinden, um seine antiseptische Wirkung voll entfalten zu können, oder

2. Man darf den Gedanken ruhig aufgeben, überhaupt mit antiseptischen Mitteln noch mehr zu leisten als dies bisher der Fall gewesen ist.

Und dies scheint in der That so sehr viel nicht zu sein. Denn abgesehen davon, dass man gegen einmal ausgebrochene Entzündungen und Eiterungen kein Mittel hat, welches dieselben zurückzubringen im Stande wäre, wenn man nicht die auch nicht unfehlbare galvanokaustische Behandlung der Ulcera serpentia ausnehmen will, äussern sich ja neuerdings viele Chirurgen und Gynäkologen dahin, dass man zur Verhütung von Eiterungen nach Operationen gar keine Antisepsis sondern nur Asepsis nöthig habe.

Ist man aber der Meinung, dass in dieser Richtung noch irgend Fortschritte zu machen seien, und hat man durch theoretische Untersuchungen und physiologische systematisch angestellte Versuche eine Substanz entdeckt, welche, wie die vorliegende doch ohne allen Zweifel thut, den Forderungen entspricht, die man a priori an ein wirklich brauchbares Antisepticum stellen muss, nämlich starke antibacterielle Wirkung, Ungiftigkeit, leichte Diffusion, die Fähigkeit Eiweiss nicht zu coaguliren, Geruchlosigkeit, so handelt es sich darum, die Anwendung eines solchen Mittels in der richtigen Weise zu ermöglichen, es handelt sich dann nicht mehr einfach um ein Arzneimittel sondern um eine auszubildende Methode.

Dies ist aber naturgemäss keine einfache Sache. Es ist dazu nothwendig, dass man im einzelnen Falle sich über den Sitz der krankheitserregenden Organismen und über die ganzen Verhältnisse unter welchen dieselben wirken, klar werden muss, ehe man daran denken kann sie zu bekämpfen. Da es nun sehr viele Fälle giebt, in welchen unsere diesbezüglichen Kenntnisse noch sehr dürftig sind, so folgt a priori, dass Jemand der dies nicht einsieht, und anstatt sich zu bestreben sich Einsicht darüber zu verschaffen, ohne Plan das Mittel anwendet, keine Resultate erzielen kann, diesen Umstand aber dann auf das Mittel zu schieben leicht geneigt sein wird.

Ich will einige Beispiele anführen, um das Gesagte zu illustriren.

Wenn man einen Haufen von Penicilliumsporen mit Methylviolett färbt und dann mikroskopisch untersucht, so wird man immer trotz tiefer Färbung der meisten Sporen immer noch eine ziemliche Anzahl ungefärbter finden, weil die Luft, die in dem Sporenhaufen enthalten ist, den Zutritt des Farbstoffes zu allen verhindert. Ein solcher Haufen auf Gelatine gebracht wird sofort auskeimen und Cultur bilden. Ganz ähnliche Verhältnisse könnten z. B. bei Hautkrankheiten eine Rolle spielen, und wenn man dies in einzelnen Fälle herausgebracht hätte, würde daraus folgen dass man die kranken Stellen mit Alcohol befeuchten müsse, ehe man den Farbstoff auf sie bringt, oder vielleicht von vorn herein alcoholische Lösungen statt der wässrigen verwenden.

Oder man mache folgenden einfachen Versuch:

Man lasse sich eine Cultur von Schimmelpilzen entwickeln und übergiesse dieselben mit Methylviolett, nehme nach der Färbung die Lösung durch Abgiessen wieder fort, so werden sich trotz der Färbung auf der Oberfläche der Cultur kleine ungefärbte Mycelhäufchen mit hüglich convexer Oberfläche entwickeln. Träufelt man nun auf diese Mycelhäufchen wieder Methylviolettlösung, so können sich dieselben theils gar nicht theils nur schwach färben, weil die Lösung von der convexen Oberfläche zu leicht abläuft.

Aehnliche Verhältnisse können zum Beispiel bei oberflächlichen Hornhautinfiltraten und dergleichen vorkommen, sodass man hiernach die Technik zu modificiren hat, sei es dass man einen Stift anwendet, oder den Kranken den Kopf so halten lässt, dass die antiseptische Flüssigkeit nicht ablaufen kann, ohne ordentlich zu färben.

Ein nahe liegender Gedanke bei vielen chirurgischen Krankheiten ist die Anwendung von subcutanen Injectionen in eiterdurchtränkte Gewebe.

Es scheint, dass einige Chirurgen, weil ich angegeben habe, eine Lösung von 1 : 1000 töte sicher die Eitercoccen ab, der naiven Ansicht gewesen sind, man brauche nur eine Lösung von 1 : 1000 oder auch eine etwas stärkere oder schwächere in solche erkrankten Theile zu injiciren, um die Eiterung zu verringern oder zu coupiren.

Freilich tödtet eine Lösung von 1 : 1000 die Eitercoccen, selbstverständlich wenn die Eitercoccen in die Lösung gebracht werden können. Spritze ich aber eine Lösung in ein Gewebe ein, so müsste ich doch abgesehen von allen anderen Hindernissen, welche die Diffusion überwinden muss, vorher wissen, wie der Wassergehalt dieses Gewebes ist und auf welche Concentration eine injicirte Lösung durch die Injection selbst verdünnt würde. Ich müsste auch die Menge der in den erkrankten Geweben enthaltenen Flüssigkeit annähernd abschätzen, um darnach die Menge der zu injicirenden Flüssigkeit bemessen zu können. Ich müsste ferner eine Vorstellung davon haben, wieviel von der injicirten Flüssigkeit in das erkrankte Gewebe gelangen kann, wieviel durch Diffusion und weiterhin Resorption in das umgebende Gewebe verloren geht und so die beabsichtigte antiseptische Wirkung schwächt. Weiterhin bedenke man, dass innerhalb eines mit Eiter infiltrirten Gewebes eine Methylviolettlösung trotz ihres grossen Diffusionsvermögens sich nicht vertheilen kann wie in Wasser oder in Blutserum. Zwar ist die Meinung Jänicke's, dass im Blut die Diffusion eine sehr gehemmte sein könne, weil naturgemäss die Diffusion im Blutserum geringer ist als in Nährbouillon, nicht schwer zu widerlegen. Denn Blutserum im Körper und ausserhalb des Körpers ist zweierlei, und zudem zeigt ja das physiologische Experiment, dass der Stoff innerhalb des lebenden Blutes so leicht diffundirt dass er selbst die Kerne der Blutkörperchen färbt. Aber ein eiterinfiltrirtes Gewebe kann dem Durchdringen der Flüssigkeit durch vorhandene Faserstoffklumpen und Verfilzungen derselben mit mortificirtem Gewebe, welches seinerseits den Farbstoff aufspeichert, Hindernisse entgegensetzen, die von aussen gar nicht zu berechnen sind.

Zur Illustration des Gesagten mache man folgende einfache Versuche nach:

Man präparire sich einen Pfropf von zerquetschtem Kartoffelbrei und presse die Masse in eine auf beiden Seiten offene Glasröhre. Dann filtrire man Methylviolett durch. Am andern Tage wird der Pfropf noch eine Menge ungefärbter Stellen zeigen.

Oder: In ein Reagenzglas goss ich sterilisirten Agar um einen Glasstab, den ich nach dem Festwerden des Agars auszog, und in die dadurch entstandene Röhre impfte ich Eitercoccen. Im Thermostaten entwickelten sich dieselben bis zum folgenden Tage in sehr grossen Mengen. Die Röhre und die angrenzenden Partieen waren dicht von den Coccen durchsetzt, eine dichte Anhäufung davon befand sich am Grunde der Röhre.

Es wurde nun eine Methylviolettlösung 1 : 1000 eingegossen. Sie färbte etwa 5 Sechstel der Röhre, das letzte Sechstel und der Grund der Röhre blieben frei.

Nun goss ich in einem Falle nochmals Anilinlösung ein und goss sie nach 5 Minuten wieder ab, in einem anderen Falle aber liess ich die Lösung stehen. Im letzteren Falle dringt nach einigen Stunden die Flüssigkeit bis auf den Grund der Röhre, im ersteren ist noch nach 24 Stunden der Grund der Röhre frei und die Coccencolonien ungefärbt.

Wenn nun schon bei so einfachen Versuchen im Reagenzglas so etwas eintreten kann, wie will man denn mit percutanen Injectionen in entzündete und von Eiter infiltrirte Gewebe überall hindringen wo Eiter ist, wie nur die Flüssigkeitsmasse annähernd abschätzen, die dazu gehört, das Gewebe zu durchtränken, geschweige denn die Hindernisse taxiren, auf die injicirte Flüssigkeit stossen kann. Dazu kommt noch, dass das Anilin nicht wie im Reagenzglas einfach stehen bleibt und in die vorhandene Masse weiter diffundirt, sondern die

Gewebe saugen eine grosse Menge auf, ehe man an die kranken Stellen kommen kann.

Solche Ueberlegungen sind es einzig und allein, die zu guten Resultaten führen können, welche, wie die bisherigen Erfahrungen gezeigt haben, auch bereits erreicht worden sind. Leider ist das diesen Ueberlegungen zu Grunde liegende Princip von verschiedenen Autoren vernachlässigt worden und die sehr erklärlichen schlechten oder negativen Resultate wurden dem Mittel zur Last gelegt.

Dass im Gegensatz zu den Untersuchern, welche in bestimmten Fällen schlechte Resultate hatten, andere in ganz ähnlichen Fällen vortreffliche Erfolge erzielten, wäre an sich schon hinreichend, das Gesagte zu stützen.

Aus den dargelegten Principien sind für die chirurgische Behandlung einige allgemeine Regeln abzuleiten.

Der Umstand, dass das Pyoktanin als eine durchaus ungiftige Substanz betrachtet werden kann, da die Experimente an Versuchsthieren gezeigt haben, dass man auf 6—10 Centimeter lange Wunden grammweise reine Substanz aufpulvern und in sie einpulvern kann, ohne irgendwelche Störungen des Allgemeinbefindens, dass diese Wunden ohne Schwellung und Entzündung unter Schorfbildung heilen, muss in ausgiebigster Weise für die Wund- und Geschwürsbehandlung verwendbar gemacht werden können. Es kommt noch weiter hinzu, dass, wenn man Thiere, an denen in der eben erwähnten Weise experimentirt worden ist, einige Tage nachher tödtet und die Wunde nach Entfernung des dicken Schorfes untersucht, sich herausstellt, dass nur die Umgebung der Wunde gefärbt ist, und sich die eingepulverte feste Substanz nicht so weit gelöst hat, dass eine grössere Menge derselben in das Blut und in innere Organe gelangen kann, weil die hierzu nöthige Flüssigkeitsmenge nicht vorhanden ist. Selbst wenn also so grosse Mengen der Substanz direct durch Anwendung concentrirter Lösungen in den Organismus gebracht werden könnten, dass sie die Functionen wichtiger innerer Organe beeinträchtigen, wie die in der ersten Mittheilung gebrachten Experimente gezeigt haben, so ist das bei Wundbehandlung völlig ausgeschlossen, man kann die Substanz à discretion aufpulvern, ohne so etwas befürchten zu müssen, selbst wenn es überhaupt möglich wäre.

Man soll im Ganzen das Pyoktanin für die Behandlung von eiterigen Processen in der Chirurgie wie das Jodoform gebrauchen. Vor Allem muss man also darauf bedacht sein, die Substanz als solche, als ungelöstes Pulver überall hinzubringen, wo Eiterung ist. Wo die Gewebe mit Flüssigkeit durchtränkt sind, werden sie je nach dem Wassergehalt, der mit der Stärke der Eiterung wohl immer in einem directen Verhältnisse stehen muss, von der Substanz eine genügende Menge auflösen, welche durch Diffusion die bestehenden physikalischen Hindernisse überwinden kann.

Ich habe bereits in einem früher erschienenen Aufsatz[1]) im Allgemeinen angegeben, wie die bis jetzt hergestellten pharmazeutischen Präparate zu verwenden seien. Darin habe auch angegeben, dass für offene Wund- und Geschwürsflächen, sobald dieselben gross sind, d. h. die Grösse eines Fünfmarkstückes überschreiten, nur die reine Substanz in Pulverform zu verwenden sei. Die anderen Präparate, wie Stift oder gar 2%

---

[1]) Berl. klin. Wochenschr., 1890, No. 24.

Streupulver sind selbstverständlich hierfür zu schwach. Wenn nun aber schon bei offenen Wunden und Geschwüren die reine Substanz angewandt werden muss[1]), so folgt daraus, dass dies erst recht da zu geschehen hat, wo eitrige Processe schwerer Art irgendwo in schwer zugänglicher Tiefe sitzen, z. B. Phlegmonen, tief sitzende Abscesse und dergleichen. Hier sind eben die oben dargelegten Grundsätze eingehend zu berücksichtigen.

Während dies z. B. in der Tübinger chirurgischen Klinik[2]) vollständig ausser Acht gelassen worden ist, hat ein practischer Arzt, Dr. Voigt[3]), das Princip richtig gewürdigt und dementsprechend sind auch seine Resultate ausgefallen. Nach ihm «entfaltet das reine Pulver, mit dem Pinsel leicht aufgepudert, die eclatanteste Wirkung, besonders bei acuten Eiterungen: Carfunkel, Panaritien, Phlegmonen u. s. w. Der Schmerz und die Eiterungen sind mit einem Schlage coupirt. Nur darf man sich nicht vor tiefen Incisionen scheuen, damit das P. auch überall hindringen kann. Die blaue Zone kann man $1/_2$ bis 2 mm tief in die Gewebe verfolgen.»

Dies stimmt, wie man sieht, auch mit den oben gemachten Angaben über frische Wunden an Versuchsthieren vollständig überein. Weiter heisst es: «Bei alten stinkenden Unterschenkel-

---

[1]) Dass die Anilinfarbstoffe sich zur Wundheilung vortrefflich eignen, ist, wie ich von verschiedenen Seiten höre, eine Erfahrung, die die Arbeiter in den Anilinfabriken schon lange sich zu Nutzen machen. Von drei verschiedenen Besitzern von Anilinfabriken habe ich mitgetheilt bekommen, dass bei Verletzungen es unter den Arbeitern gebräuchlich ist, sie mit Anilin zu bestreuen und dass die Wunden überraschend schnell heilen.

[2]) l. c.

[3]) Aerztl. Centr.-Anz., 1890, No. 25.

geschwüren nahm es Geruch, Eiter und Schmerz in 6 bis 8 Stunden. Eiter gab es nie wieder.»

Man sieht, dass diese Erfahrungen vollständig mit den in meiner ersten Veröffentlichung mitgetheilten übereinstimmen. Der andere Autor, Prof. Garré, hat, obwohl ihm meine zweite Veröffentlichung bekannt gewesen ist, dennoch die oben auseinandergesetzten Grundprincipien völlig unberücksichtigt gelassen.

In dem von ihm beschriebenen Falle[1]), «in dem der neue Eitertödter die Feuerprobe hätte bestehen sollen, aber nicht bestanden hat», bestand eine acute Eiterung über dem linken Kreuzbein mit phlegmonöser Infiltration der Haut. Man injicirt dem Kranken täglich 8 cbcm. einer $1^0/_{00}$ Pyoktaninlösung subcutan und wundert sich, dass eine so geringe Menge des Mittels nicht die Eiterung coupirt, man meint, dass man unmöglich rationeller hätte verfahren können. Schliesslich macht man multiple Incisionen und dränirt.

Die multiplen Incisionen hätte man von Anfang an machen und dann direct Substanz in die Wunden bringen sollen und zwar in grossen Mengen, grammweise, dann würde man die Eiterung coupirt haben. Nach Garré's Mittheilung floss sogar ein Theil der injicirten Flüssigkeit durch eine Fistel ab. Warum wurde nicht wenigstens versucht, ein Pyoktaninanthrophor durch die Fistel einzuführen und eine Zeit lang liegen zu lassen?

Vermuthlich ist in diesem Falle, wo überhaupt ganz im Dunkeln gearbeitet wurde, gar nichts oder nur sehr wenig

[1]) L. c., S. 4.

von in viel zu geringer Menge injicirter Flüssigkeit an die kranken Stellen gekommen, das Wenige, was allenfalls daran kam, genügte nicht, um die Eitercoccen zu färben und wurde durch Diffusion sofort aus der kranken Partie wieder herausbefördert[1]).

Bei einem jauchigen Abscess zeigte sich bei der Obduction keine Verfärbung, einfach darum, weil die Substanz bereits wieder heraus diffundirt war. Garré zieht fälschlich daraus den Schluss, das Methylviolett könne nicht in erkranktes Gewebe diffundiren. Unter gleichen physikalischen Verhältnissen in erkranktem Gewebe bleibt aber das Pyoktanin weit leichter als in gesundem, weil krankes Gewebe immer eine grössere Anzahl von absterbenden und abgestorbenen Zellen enthält, die den Farbstoff aufspeichern, wie die pflanzliche Zelle, während die gesunde Zelle den Farbstoff durch Diffusion abgiebt, sobald ihr nur die Gelegenheit dazu gegeben wird. Dies zeigen sehr deutlich die Erscheinungen an gesunder und kranker Hornhaut. Die gesunde Hornhaut färbt sich nur, wenn man sie anritzt und giebt auch dann den Stoff sehr rasch wieder ab, während die kranken Stellen einer entzündeten Cornea sich rasch und sehr tief färben. Ist ein Hornhautinfiltrat frisch, so hält es den Farbstoff viel länger und in grösserer Menge fest, als wenn es in der Heilung begriffen ist, in welchem Falle man schon nach wenigen Minuten die Färbung verschwinden sehen kann, ja, dies ist ein prognostisch günstiges, das Gegentheil ein ungünstiges Zeichen. Auch

---

[1]) Diese Vermuthung wird völlig durch Garré's Mitarbeiter bestätigt, der in einem Falle in dem Eiter eines mit Pyoktanin behandelten Abscesses die Coccen ungefärbt fand.

Granulationen der Conjunctiva färben sich leicht tief, während die normale Conjunctiva, trotzdem das oberflächliche Stractum aus zum grossen Theil absterbenden Zellen besteht, sich nicht so intensiv colorirt wie die Granulationen.

Wenn sich nach Garré bei einem Ulcus cruris die Granulationen ungefärbt zeigten, so lag dies offenbar einmal daran, dass der Farbstoff durch Diffusion wieder weiter geschafft wurde, vor Allem aber an dem Verfahren selbst. Wenn man mit Lösungen Umschläge macht, so hält der Verbandstoff den Farbstoff fest und es gelangt nur sehr wenig auf das Ulcus. Man hätte hier Substanz aufstreuen müssen.

Bei Nagelbettentzündungen ist bei den in der Tübinger Klinik angestellten Versuchen offenbar nicht genügend sterilisirt worden. Dass solche Eiterungen mit dem Stift, wenn man ihn nur richtig gebraucht, coupirt werden, ist mir ausser den oben citirten Mittheilungen von Voigt, von verschiedenen Practikern vollkommen bestätigt worden.

Minutiöse Gebrauchsanweisungen lassen sich aber hierbei ebenso wenig geben, wie etwa für die Ausführung einer Cataractoperation. Der Eine macht die Sache eben geschickt und hat gute Erfolge, der Andere macht es oberflächlich und hat schlechte. Solche Dinge liegen häufig an ganz undefinirbaren Kleinigkeiten. Gleichwohl giebt es Beispiele, wie die angeführten, wo der gemachte Fehler leicht zu erkennen ist.

Um ein weiteres Beispiel derart anzuführen, so hat Dr. Braunschweig einen Leichentuberkel mit dem Stift tractirt. Ich wüsste nicht, dass ich gegen Leichentuberkel den Stoff überhaupt empfohlen hätte. Man muss in einem solchen Falle den Tuberkel spalten und dann aussterilisiren, womöglich indem man Substanz einbringt.

Was die Verwendungen von Lösungen anlangt, so haben bereits die von Fessler in der Münchn. chirurgischen Klinik[1]) in geradem Gegensatze zu den in Tübingen gemachten Erfahrungen gezeigt, dass man sehr gute Erfolge damit erzielen kann, wenn man richtig verfährt. Von einer systematischen Ausbildung der hier in Betracht kommenden Verfahrungsweisen lässt sich sicher viel erwarten. Man hat hier darauf zu sehen, dass von der Lösung die genügende Menge in die kranken Partien gelangt, und muss bedenken, dass nicht nur die kranken, sondern auch die umgebenden gesunden Theile das Pyoktanin begierig aufsaugen und rasch weiter diffundiren lassen, dass also gesundes Gewebe dabei eine grössere Menge des Stoffes verloren gehen lässt, während die erkrankten Theile mehr Neigung haben, den Farbstoff aufzuspeichern und festzuhalten, sobald die physikalischen Hindernisse des Zutrittes einmal überwunden sind. Diese Hindernisse sind aber natürlich in den meisten Fällen beträchtlich und daraus ergiebt sich wieder die Nothwendigkeit, möglichst grosse Mengen der Substanz zuzuführen. Man wird hier an permanente Bäder selbst in sehr verdünnten Lösungen zu denken haben. Es folgt direct weiter hieraus, dass für die Ausspritzung von Höhlen eine öftere Application nothwendig werden wird, wenn man das Mittel in keiner anderen Form, als in Lösung anwenden kann. Für eiternde Fistelgänge und dergleichen wird aber die Anwendung von Anthrophoren, die mit concentrirten Lösungen angefertigt, mit Stäbchen, die wie die Jodoformstäbchen mit Cacaobutter hergestellt

---

[1]) München. Med. Wochenschr., 1890, No. 25.

sind, und ähnlichen Präparaten bei ebenfalls systematischer Ausbildung des Verfahrens von grossem Vortheil sein. Es erhellt aus allen diesen Ausführungen, dass man es nicht mit einem einfachen neuen Mittel, sondern mit einer in statu nascenti befindlichen neuen Methode zu thun hat. Wer, mit allen einschlägigen bacteriologischen und physiologischen Verhältnissen nicht vertraut, einfach empirisch an die Verwendung der Anilinfarbstoffe in der chirurgischen Praxis geht, wird leicht aus den dargelegten Gründen schlechte Erfolge haben können. Wenn meine Mittheilungen die Hoffnung erregt haben, dass man es hier mit einem wunderbar wirkenden Mittel zu thun habe, welches man nur so obenhin in oder auf erkrankte Gewebe zu bringen brauche, um sofortige stupende Heilerfolge zu erzielen, dann habe ich mich freilich einer Täuschung schuldig gemacht. Aber dem ist nicht so. Allerdings habe ich Fälle von auffallend rascher Heilung mitgetheilt, welche auf vollkommener Wahrheit beruhen. Allein ich habe diese Fälle nicht mitgetheilt, um damit auszudrücken, dsss man nun alle einschläglichen Affectionen ohne Weiteres mit gleichem Erfolge heilen könne, sondern um zu zeigen, wie das Mittel wirkt, wenn es richtig angewandt wird. Diese Anwendung war in den betreffenden Fällen einfach und leicht, eine erfolgreiche Anwendung in allen anderen Fällen zu ermöglichen muss Sache einer erst auszubildenden Methodik sein. Dass diese selbst aber möglich ist, haben die mitgetheilten Fälle zeigen sollen. Andere haben übrigens meine Mittheilungen vollkommen bestätigt.

In Bezug auf die Chirurgie muss ich mich als Nichtfachmann mit diesen Bemerkungen begnügen, die jedoch meiner Meinung nach vollkommen genügend sind, um die

Richtung anzudeuten, die bei den weiteren Versuchen, die Anilinfarbstoffe in der Chirurgie brauchbar zu machen, einzuschlagen ist. Meine Versuche haben dargethan, dass die Eiterung coupirt werden kann, wenn das Pyoktanin mit den eiternden Geweben in innige Berührung gebracht wird. Es dahin zu bringen, dass dies mit Sicherheit in einer grossen Anzahl oder den meisten Fällen wirklich erreicht werden kann, ist nicht meine Aufgabe allein. Es gehört dazu die gemeinsame Arbeit Vieler, die Einführung der Anilinfarbstoffe in die medicinische Praxis kann nicht im Handumdrehen alle möglichen Erleichterungen für die ärztliche Praxis bringen. Diese Vereinfachungen werden erreicht werden, wenn man an der Hand der dargelegten Grundsätze an die Untersuchungen der Verhältnisse geht, in welchen die günstigen physikalischen, physiologischen und antibacteriellen Eigenschaften der Anilinfarbstoffe mit Nutzen entfaltet werden können. Das Ziel, welches ich mir vorgesteckt habe, ist ein viel höheres und mühsam zu erreichendes als man sich auf manchen Seiten vorgestellt hat, indem man die Grundlage meiner Arbeiten unberücksichtigt liess, und schlechtweg die rein antibacteriellen Eigenschaften geradezu allgemein in's Practische übertragen wollte, also z. B. meinte, weil eine Lösung von 1 : 1000 alle Bacterien vernichtet, wenn sie daran kommen kann, man nichts weiter zu thun brauche, als eine solche Lösung auf kranke Stellen zu giessen. — Es ist dargelegt worden, dass das in's Auge gefasste Ziel zu erreichen möglich ist, das war der Sinn der Hoffnungen, die ich habe erregen wollen, und die ich nach den weiteren bisherigen von mir und Anderen bereits gemachten Erfahrungen keinen Grund aufzugeben habe.

Ich will im Anhang hieran noch erwähnen, dass ich eine Anzahl chirurgischer Erfahrungen in Bezug auf die Sterilisation von Geschwüren und Furunkeln, auch Knocheneiterungen u. dergl., gemacht habe, die sehr günstig gewesen sind.

In Bezug auf mein eigenes Fach habe ich selbstverständlich über eine grössere Anzahl von Erfahrungen zu verfügen. Aber nichtsdestoweniger befindet sich die Sache auch hier noch in statu nascenti.

Auch hier bei diesem relativ beschränkten Gebiete ist es für einen Einzelnen nicht wohl möglich, namentlich seit nur so kurze Zeit seit der ersten Veröffentlichung vergangen ist, für jede einzelne Augenkrankheit die Art und Weise der Anwendung der neuen Mittel zu finden, auch hier bedarf es der gemeinsamen Arbeit Vieler.

Zunächst ist es aber auch hier die Hauptsache, an dem Leitfaden des aufgestellten allgemeinen Principes vorzugehen, nämlich sich in jedem einzelnen Falle zu überlegen, ob und wie den gewonnenen Einsichten in die Wirkungsweise der Anilinfarbstoffe gemäss die Anwendung derselben gerechtfertigt und wie dieselbe zu bewerkstelligen sei.

Die Nichtbeachtung dieses Principes hat bei einzelnen Autoren auch hier dieselben Resultate ergeben wie bei der Anwendung in der Chirurgie.

Ich halte es für recht lehrreich, hierüber zunächst zu sprechen, da man durch Irrthum zur Wahrheit gerathen und von einer Sache, die unrichtig gemacht worden ist, lernen kann, wie sie richtig auszuführen sei.

Hierher gehört in erster Linie die Art, wie in der Klinik A. Gräfe's[1]) die Keratitis parenchymatosa behandelt worden ist.

Bei dieser Affection sitzen die krankheitserregenden Organismen in der Tiefe des Hornhautgewebes, das Epithel ist intact und, wie überhaupt bei normaler Hornhaut, auch die oberste Schichte aus lebenden Zellen bestehend, weil die abgestorbenen durch den Lidschlag entfernt werden. Desshalb lässt, wie bereits oben auseinandergesetzt ist, die normale Hornhaut das Pyoktanin wie Atropin oder Eserin direct in die Vorderkammer durchdiffundiren.

Auf das Diffusionsvermögen muss man sich also verlassen. Man muss darauf rechnen dass das Pyoktanin, bei der Passage durch die Cornea auf Pflanzenzellen, die in ihrem Gewebe wuchern, trifft, und dass diese den Stoff bis zu einem gewissen Grade festhalten und aufspeichern, dass dies seitens der pflanzlichen Zellen in höherem Maasse geschieht, als von dem Hornhautgewebe selbst, weil sie isolirter sind, als die Zellen eines zusammenhängenden organischen Gewebes im menschlichen Körper. Dies kann natürlich nur geschehen, wenn man Lösungen benutzt.

Der Assistent A. Gräfe's, der, wie er angiebt, unter der beständigen Controle seines Chefs arbeitete, hat aber mit dem Stift zuerst die Cornea bestrichen und dann «behufs Deponirung einer Quantität Methylvioletts» den Stift eine Zeit lang in der Conjunctiva liegen lassen.

Dieses in der Conjunctiva «deponirte» Methylviolett wurde selbstverständlich von der obersten Schicht des Conjunctivalepithels festgehalten und aufgespeichert, drang auch wohl

---
[1]) L. c.

durch die Kittsubstanz hindurch in die tieferen Schichten und bewirkte dort allenfalls eine Paralyse der Gefässnerven[1]). Jedenfalls aber wurde das gefärbte Conjunctivalepithel, und wenn man den Stift, i. e. reine Substanz, darauf bringt, wird die stärkste Wirkung erzeugt, vollständig abgetödtet, musste abgestossen werden, und das geht, wie die Versuche an Thieren und Menschen gezeigt haben, ganz ohne Reizung nicht ab. Aber auch das Hornhautepithel, mit Substanz behandelt, wird natürlich völlig abgetödtet in den oberen Schichten, die abgetödteten Zellen speichern den Farbstoff auf und verhindern ihn an der Diffusion in die Hornhaut selbst. Kein Wunder also dass dabei kein Erfolg erreicht werden konnte. Bei einem solchen Vorgehen kann wohl der Verdacht entstehen, als ob die nachfolgende heftige Reizung nicht nur auf die Deponirung des Stoffes in der Conjunctiva, sondern durch grobe mechanische Insulte zu Stande gekommen sei. Solch verhärtete bohnengrosse Stellen, wie sie Dr. Braunschweig beschreibt, habe ich wohl bei Kaninchen beobachtet, denen ich den Conjunctivalsack voll reiner Substanz gepulvert hatte, die nicht fein vertheilt, sondern klumpig war. Was übrigens die crouposse Conjunctivitis anbelangt, die nach den in Gräfe's Klinik angestellten Versuchen theils durch das Mittel erzeugt sein soll, theils sich verschlimmerte, wenn sie vorher da war, so scheint mir dieselbe durch Anwendung des Grübler'schen Präparates entstanden zu sein, welches wahrscheinlich wie das seiner Zeit von mir einmal angewandte und sofort bei Seite gesetzte, Chlorzink oder Schwefelkupfer oder Beides enthielt.

---

[1]) Vgl. Arloing et Cazeneuve, Sur les effets physiologiques de deux colorants rouges azoïques etc. Arch. de Phys., 1887.

Bei Blepharitis erreicht man sehr rasche Erfolge, wenn man die 2 % Salbe oder den Stift anwendet, mit welchem man die Haarwurzeln gehörig touchiren muss. Man kann hierbei den gelben Stoff wegen der weniger auffallenden Färbung benutzen. Ich heile, seit ich Anilin anwende, selbst starke Blepharitiden in der Regel binnen wenigen Tagen. Selbstverständlich schützt das Pyoktanin nicht vor Rezidiven, wenn die Kranken, was nur zu häufig ist, in Verhältnissen leben, in denen eine wiederholte Infection stattfinden muss.

Was die Conjunctivitis anbelangt, so habe ich bei wirklich ausgesprochener eitriger Secretion die besten Erfolge gehabt, Einträufelungen von Methylviolett in Lösung von 1 : 1000, oder auch in anderen Fällen 2 % gelbes und blaues Streupulver zeigten mitunter und zwar gerade in den schwersten Fällen vortreffliche Erfolge, die Eiterung wurde so rasch und gründlich coupirt, dass am andern Tage das Auge gesund war.

Was die gewöhnlichen acuten, subacuten und chronischen Formen der Conjunctivitis anbetrifft, so erreichte ich bisher mit Auraminlösungen von 1 : 1000 bessere Resultate, als mit den anderen gebräuchlichen Mitteln, namentlich behaupteten die Kranken übereinstimmend, dass das Mittel sehr angenehm kühlend wirke. Aber so auffallende rasche Heilungen wie bei eitriger Conjunctivitis habe ich damit nicht bekommen.

Ich bin fortwährend damit beschäftigt, Stoffe aufzusuchen, die die bisher als Pyoktanin bezeichneten an Wirkung noch übertreffen. Dabei bin ich auf einen neuen Stoff gestossen, der in Bezug auf die Augenkrankheiten besondere Vorzüge hat, und seit ich diesen benutze, habe ich auch in Bezug auf die gewöhnliche Conjunctivitis so gute und rasche Erfolge aufzuweisen, als sie bei einem anderen Mittel nicht erzielt werden. Meine Krankenprotokolle weisen Fälle genug auf, in denen in einem oder zwei Tagen Heilung da war. Da jedoch die Fabrikation dieses Stoffes noch nicht bekannt ist, wird erst nach Verlauf einiger Zeit seine Herstellung im Grossen wie sein Vertrieb durch Merck möglich gemacht werden können.

Was aber die sogenannten Schwellungskatarrhe anlangt, also Entzündungen der Conjunctiva mit starker Schwellung des subconjunctivalen Gewebes und der Lider aber ohne stark eitrige Secretion, so habe ich dabei keine Erfolge zu verzeichnen, wenn ich auch nicht, wie in A. Gräfe's Klinik, Verschlechterungen gesehen habe. Wenn man sieht, dass das Mittel nicht gleich eine Besserung hervorruft, so ist damit wenigstens in acuten Fällen der Beweis geliefert, dass das Mittel die krankheitserregenden Organismen nicht erreichen und tödten konnte, und man muss es alsdann bei Seite lassen.

Es kommt offenbar alles darauf an, wo bei Entzündungen der Conjunctiva die krankheitserregenden Organismen sitzen. Befinden sie sich auf der Oberfläche, so wird man sie tödten können, wenn man dafür sorgt, dass das Mittel den ganzen Conjunctivalsack benetzt, was durch passende Neigung des Kopfes des Kranken zu erreichen ist, sowie dass nach der Einträufelung nicht das Pyoktanin sofort durch Lidcontractionen wieder aus dem Auge herausgepresst wird. Befinden sie sich dagegen im subconjunctivalen Gewebe, so wird die Epithelschicht den Stoff zurückhalten, sich dann abstossen und auf der offenen Schleimhautfläche wuchern die Coccen unter dem stärkeren Zufluss von Nährflüssigkeit unter Umständen erst recht.

Es wird hier an der Technik liegen, ob man die Coccen unter solchen Umständen tödten kann. Da augenblicklich unsere Kenntnisse über diese Processe in bacteriologischer Hinsicht noch sehr gering sind, so wird abzuwarten sein, bis sich dieselben erweitert haben werden. Aehnliche Verhältnisse scheinen übrigens bei der Urethra in Betracht zu kommen.

Was die Blenorrhoea neonatorum anbelangt, so sind leider in der ganzen Zeit nur zwei Fälle in meiner Klinik vorgekommen, die beide in meiner Abwesenheit von meinem Assistenten Dr. J. Meyer mit 2 % blauem Streupulver behandelt wurden. Im ersteren Falle verschwand die Eiterung binnen drei bis vier Tagen und das Kind war geheilt. Der zweite Fall verlief aber schlecht, indem am sechsten Tage bereits die eine Cornea perforirt wurde, die andere auch schon getrübt war. Es wurde von einem hinzugezogenen älteren Collegen nunmehr die gewöhnliche Höllensteinbehandlung eingeleitet, aber ohne jeden Erfolg, auch die andere Cornea wurde perforirt, und die Eiterung nahm nicht ab. Als ich von meiner Reise zurückkehrte fand ich starke Eiterung, aber ohne Schwellung und Hyperämie, die überhaupt nie vorhanden gewesen war, was ich immer als ein übles Zeichen zu betrachten gelernt habe. Ich pulverte nun reine Substanz ein, darauf nahm die Eiterung ab und es wurde noch so viel gerettet, dass eine Iridectomie in Aussicht genommen worden ist.

Es kann sich in diesem Falle höchstens um die Frage handeln, ob man nicht von Anfang an in einem offenbar sehr deletären Process, der durch Infection seitens der noch mit Scheidentripper behafteten Mutter eingeleitet worden war, gleich die reine Substanz hätte anwenden müssen. Ich würde in ähnlichen verzweifelten Fällen keinen Anstand nehmen sie zu gebrauchen. Als Regel muss man aber aufstellen, dass mit der Behandlung nicht fortzufahren ist, wenn nach der ersten Application nicht eine Besserung zu constatiren ist, oder gar eine Reizung eingetreten ist, welche durch Abstossung gefärbten und damit getödteten Epithels bedingt wird. Wenn sich der Zustand nicht bessert, so hat man eben die krankheitserregenden Organismen aus irgend einem Grunde nicht erreichen können. Da nach neueren Untersuchungen bei Blenorrhoea neonatorum die Coccen sich nicht nur im Subconjunctivalgewebe, sondern auch in der Cornea und der Iris gefunden haben, so ist in solchen Fällen die Erklärung eines Nichterfolges offen daliegend.

Bei der Blenorrhoe älterer Individuen habe ich dagegen gute Erfolge gesehen, was mir auch von anderer Seite bestätigt worden ist.

Vielleicht ist in der angedeuteten Richtung das Verfahren erst auszufinden, so könnte man in schweren Fällen von Blenorrhoe, Conjunctivitis crouposa und dergleichen daran denken, ob man nicht in die Conjunctiva Scarificationen zu machen und in die Einschnitte stärkere Lösungen oder Substanz zu bringen habe. Die Erfahrung, die mit Fällen zu beginnen hat in denen nichts mehr geschadet werden kann, oder Versuche an unheilbar erblindeten Augen, werden darüber Aufschluss zu geben haben.

In Bezug auf die Granulosa habe ich recht gute Erfolge zu verzeichnen, wenn ich auch keine sehr schweren Fälle gehabt habe, die hier nicht so häufig vorkommen. Ich habe die Granulationen mit dem Stift touchirt, sie saugen den Farbstoff sehr leicht auf. Dabei haben die Kranken keinen Schmerz und Lidkrampf, wie das der Fall ist, wenn man mit Höllenstein oder Kupfer touchirt, und der Verlauf ist entschieden ein kürzerer als bei den anderen Behandlungsweisen.

Wenn aber hierbei starke Schwellung und Hyperämie oder gar Hornhautinfiltrate bestehen, so kann man sich nach dem oben Gesagten nicht wundern, wenn ungeeignete Behandlung mit dem Stift den Zustand verschlimmert. Was aber in solchen Fällen positiv zu thun sei, darüber ist mir jetzt noch nicht möglich etwas zu sagen, zumal die pathologische Anatomie und die bacteriologischen Verhältnisse dieser Affection noch im Unklaren liegen. Wo man dies von vornherein weiss, da thut man, wenn eine erste vorsichtige Anwendung des Mittels in verdünnten Lösungen keine Besserungen erzielt, überhaupt besser davon zu bleiben, und zu versuchen, sich in die unbekannten anatomischen und pathologischen Verhältnisse einen Einblick zu verschaffen, anstatt ohne Einsicht in diese Verhältnisse rein empirisch herumzutasten, und Misserfolge auf das Mittel zu schieben statt auf die Behandlung mit demselben.

Ehe ich weiter gehe, will ich noch mittheilen, dass es mir in mehreren Fällen gelungen ist, durch consequente länger dauernde Behandlung mit dem Blaustift Pterygien zurückzubringen, die schon alt waren und nur auf operativem Wege zu entfernen gewesen wären.

Es soll dies nicht die direct bacterielle Natur dieser Affection beweisen, das Pyoktanin tödtet auch die thierische Zelle. Ebenso gelang es in einem Falle ein ausgedehntes Epithelialcarcinom — Ulcus rodens —, welches, auf der Mitte des Nasenrückens beginnend, die vordere Wand des Thränensackes und die Hälfte des oberen Lids zerstört hatte, mit Pyoktanin zu heilen. Nach einer vorgängigen Aetzung mit Höllenstein zeigte sich am anderen Tage eine starke Eiterung bei Abstossung des Schorfes. Ehe ich zum Thermokauter griff, machte ich den Versuch mit Pyoktanin, ich sterilisirte mit einem grossen Stift so tief als möglich aus und streute dann reine Substanz ein, was ich mehrmals wiederholte. Es bildete sich eine feste Anilindecke, die nicht abzuziehen war, nach einigen Wochen abfiel und eine glatte Narbe, natürlich mit starker Lidcontraction, hinterliess. Dass nicht etwa die Diagnose falsch war, wurde noch dadurch erwiesen, dass in der Zwischenzeit das Auge enucleirt werden musste, in dessen Inneren sich ein Sarcom entwickelt hatte.

Ich habe diesen Fall nur mitgetheilt, um zu zeigen, welche Wirksamkeit das Anilin unter besonders günstigen Umständen selbst in solchen Fällen zu entfalten im Stande sei, nicht aber etwa behaupten wollen, ich habe ein Mittel gegen Carcinom entdeckt. Im Gegentheil, in einem zweiten viel günstigeren Falle versagte das Mittel. Es war ein noch ganz kleiner Tumor in der Gegend des Thränensackes, aber die Blutung war so stark, dass sich kein Schorf von Pyoktanin bilden konnte, denn das Blut stillt das Mittel nicht, da es kein Eiweiss coagulirt, und es musste zum Thermokauter gegriffen werden.

Noch will ich erwähnen, dass meine Angaben von der örtlichen Reizlosigkeit des Pyoktanin selbst bezüglich der Conjunctiva von mehreren Seiten bestätigt worden sind. Pedrazzoli[1]) giebt an, dass Augen selbst im höchsten

---

[1]) I colori di Anilina come Antisettici etc. Considerazioni e Traduzione. Pavia 1890.

Grade der Irritation vollkommen das Methylviolett ertragen. Adolf Weber hat, wie er mir brieflich mittheilt, «wochenlang sowohl das 2°/₀ gelbe Pulver als die 1°/₀₀ Methylviolettlösung täglich angewandt und dabei die grosse Verträglichkeit der Applicationsfläche für das Mittel constatirt». Ebenso hat v. Hofmann selbst bei wochenlangem Gebrauch von 2stündlich 1 Tropfen keine Reizung gesehen, und hat über 100 Fälle behandelt, ohne eine solche bekommen zu haben. Ebenso hat Dr. Brückner in Darmstadt schon vor längerer Zeit über 100 Fälle von Pyoktaninbehandlung zu verzeichnen, ohne irgend eine nennenswerthe Reizung gesehen zu haben. Meine geschätzten Collegen haben mich autorisirt, diese sowie ihre später erwähnten Beobachtungen mitzutheilen. Um so mehr bin ich berechtigt, die ungünstigen Resultate, die in der Gräfe'schen Klinik erhalten wurden, auf unreine Präparate oder mechanische Insulte zu schieben.

Was die Krankheiten der Hornhaut anbelangt, so glaube ich nach meinen weiteren zahlreichen Erfahrungen hierüber nach wie vor mit Recht behaupten zu dürfen, dass die Anilinbehandlung im Allgemeinen jede andere Behandlungsweise weit hinter sich lässt. Ich sehe schwere Formen überraschend schnell heilen und pflege in meiner Klinik eigentlich gar nichts anderes mehr anzuwenden. Ich will damit aber nicht etwa dahin missverstanden sein, dass man bei schweren Hornhautentzündungen nun weiter gar nichts anderes zu thun habe, als Pyoktaninlösung einzuträufeln, oder ein Geschwür mit dem Stift zu touchiren. Hier hat man sich um so mehr an die aufgestellten Principien zu halten, als man gerade hier die grössten Fehler begehen und die schönsten Erfolge erreichen kann.

Man muss sich in jedem einzelnen Falle, vor Allem hier, wo es verhältnissmässig leicht ist, darüber klar zu werden suchen, ob man die Substanz auch überall dahin bringen kann, wo Eitercoccen im Gewebe sich befinden. Ist ein Geschwür flach und offen liegend, so ist dies leicht, und man wird in vielen Fällen einfach nur Lösungen benutzen können, geht die Geschwürsbildung etwas tiefer, so genügt in vielen Fällen der Stift. Geht sie aber sehr tief, bis in die Nähe der Membrana Descemetii, oder ist sie überhaupt von aussen nicht so leicht zugänglich, wie bei peripheren Ringabscessen, so hat man sich zu überlegen, ob man nicht mit Einstichen und Einschnitten der eitertödtenden Substanz die Wege zu bahnen hat. Wenn ich gesagt habe, dass das Pyoktanin jedes andere Mittel in dieser Hinsicht weit hinter sich liesse, so habe ich damit die operativen Hülfen nicht bei Seite schieben wollen, wie offenbar theilweise geglaubt worden ist.

Wenn ich in meiner ersten Mittheilung ausdrücklich gesagt habe, wo Eiter in der Tiefe eines Theiles sitze, sei die Technik erst auszufinden, so ist es wohl klar, dass viele Hornhautgeschwüre ebenfalls hierher gehören.

Wenn man also nach einer gleichviel wie immer ausgeführten Sterilisation mit Anilin am folgenden Tage keine Besserung oder gar eine Verschlechterung sieht, so ist dies ein Beweis, dass es nicht gelungen ist das Antisepticum überall in genügender Menge hinzubringen, und man muss sich dann überlegen, wie dies zu bewerkstelligen sei. Man hat dann vielleicht zu spalten und nach der Spaltung sofort mit dem Stift oder einer Lösung zu sterilisiren, vielleicht auch mit einer Hohlnadel, die man in eine concentrirte Lösung getaucht hat, das kranke Gewebe mehrfach zu punktiren.

Ich bin ausser Stande hier für jeden Fall eine Regel zu geben, weil ich in der kurzen Zeit nicht alle möglichen Fälle gesehen habe, das kann auch schliesslich kein Einzelner. Bis jetzt bin ich mit Lösungen oder Stift immer noch ausgekommen und habe nicht einen einzigen Misserfolg, wohl aber viele sehr gute und rasche Heilungen zu verzeichnen.

Gerade in der letzten Zeit habe ich schwere Fälle mit überraschendem Erfolg geheilt. Im ersten Falle bestand ein schweres Ulcus serpens (bei einer alten Frau), welches schon wochenlang anderweitig behandelt worden war. Die Hornhaut war zum grössten Theil mit Eiter durchsetzt, die Oberfläche in ein grosses offenes Geschwür verwandelt, die vordere Kammer voller Eiter. Eine einzige sorgfältig ausgeführte Sterilisation mit dem blauen Stift coupirte die Eiterung, die nicht wiederkehrte. Ich touchirte noch einige Male und träufelte nachher mehrmals noch 1 °/$_{00}$ blaue Lösung auf. Nach 14 Tagen ist die Vernarbung fast vollständig, ein Leukom von mässigem Umfange, mit viel durchsichtiger peripherer Hornhaut. Perforation trat nicht ein.

In einem zweiten Falle bestand bei einem jungen Mädchen ein peripheres Ringgeschwür mit schwerer Eiterinfiltration, das mindestens ein Drittel des Umfangs der Hornhaut umgriff, eine einmalige sorgfältige Sterilisirung mit dem Stifte coupirte die Eiterung, in wenigen Tagen war die Reparation eingeleitet.

Andere ähnliche Fälle unterlasse ich anzuführen, da das, was ich hier sage, doch schon in recht auffallender Weise bestätigt worden ist. So theilt Pedrazzoli[1])

---

[1]) L. c.

einen Fall von schwerer traumatischer Keratitis mit, «mit Hypopion, stärkster Irritation, Entropion spasmodicum mit den gewöhnlichen Mitteln unüberwindlich, in welchem Falle die Sämisch'sche Operation schon ohne Erfolg versucht war, habe ich nach wenigen Einträufelungen von Anilin 1 : 1000 eine so aussergewöhnliche Besserung gesehen, dass dieses der Panophthalmie beinahe unrettbar verfallene Auge sein normales Volumen behielt, mit einem in der Mitte etwas abgeflachten Leukom und an der Peripherie erhaltenen Hornhautgewebe».

A. Gräfe[1]) hat einen Fall von Panophthalmitis beschreiben lassen, in welchem die Entzündung sichtbar aufgehalten wurde, nur durch Aufträufelung von 1 : 1000. Er hätte eine kleine Oeffnung in die Sclera machen und den Stift einführen sollen. Ich habe wenigstens bei Kaninchen Panophthalmitis, durch Einimpfung erzeugt, immer zum Stehen gebracht. In einem Falle behielt das Auge sogar seine Form, den Glaskörper fand ich bei der späteren anatomischen Untersuchung in ein festes Fasergewebe umgewandelt. Man wird daher bei eitriger Cyclitis und dergl. ebenfalls daran zu denken haben, auf diese oder ähnliche Weise, vielleicht mittelst Injectionen 1% Lösungen zu verfahren.

Carl[2]), der schon 1887 die Anilinfarbstoffe bei Augenkrankheiten versucht hat, ist davon abgeschreckt worden durch einen ungünstigen Ausgang von Ulcus serpens, wobei er die Befürchtung ausspricht, dass eine Art katalytischer Wirkung des Methylvioletts diesen üblen Ausgang

---

[1]) L. c.
[2]) Fortschr. d. Medicin, Mai 1890.

herbeigeführt habe. Hätte dieser Autor, bevor er gleich Heilversuche mit einem ihm unbekannten Mittel anstellte, erst die physiologischen Wirkungen studirt, so würde er leicht gefunden haben, dass eine solche Wirkung nicht existiren kann. Der ungünstige Ausgang seines Falles ist auf ungenügende Sterilisation mit einem Malerpinsel, Weiterwuchern der Coccen in der Tiefe und Hereingerathen derselben in die peripheren Lymphspalten zurückzuführen. Hätte er an der Peripherie mit einer Lanze einen flachen Einstich gemacht und dann Lösung eingeträufelt, würde er das Auge haben retten können.

Im Uebrigen beweisen immerhin die Erfahrungen von Carl die Reizlosigkeit des Mittels, denn im Gegensatz zu den in der Gräfe'schen Klinik gemachten Erfahrungen hat er, trotzdem er mehrere Monate lang seine Versuche fortsetzte, keinerlei stärkere Reizerscheinungen oder gar pseudocroupöse oder diphtheritisartige Entzündungen gesehen, was wiederum dafür zu sprechen scheint, dass bei den in der Gräfe'schen Klinik gemachten Versuchen mancherlei versehen worden ist. Obendrein hatte Dr. Carl keine reinen Stoffe, denn die Firma Merck hat erst auf meine Veranlassung diese in den Handel gebracht.

v. Hofmann sah inficirte Hornhautverletzungen mit Hypopyon von einem Tag zum anderen gut werden, namentlich wenn die Wunde sich intensiv blau färbte. (v. Hofmann hat bis dahin nur Lösungen angewandt.)

Ferner hat mein verehrter Freund Prof. Goltz mich ermächtigt, folgende Beobachtungen hier zu veröffentlichen: Nach Grosshirnoperationen bei Hunden treten häufig eitrige Entzündungen der Bindehaut und namentlich der Hornhaut auf, die oft zur Perforation und damit zum Ruin des Auges führen.

Goltz hat in verschiedenen Fällen mit bestem Erfolg diese Entzündungen im Beginn durch Pyoktanin $1^0/_{00}$ blaue Lösung coupirt, resp. in wenigen Tagen zur Heilung gebracht.

Für manche Formen der Keratitis, z. B. oberflächliche Randinfiltrate, büschelförmige Keratitis kann man die $2^0/_0$ Salbe gebrauchen, die man bei äusseren Affectionen stärker bis $10^0/_0$ nehmen kann. Diese Salbe hat im Ganzen dieselben Indicationen, wie die Pagenstecher'sche Salbe, wirkt nach meinen Erfahrungen aber vielfach rascher.

Das Pyoktanin entfaltet am Auge (für die Nase ist dies bereits von Bresgen[1]) in sehr auffallender Weise bestätigt worden) eine dezidirt schmerzstillende Wirkung, und beseitigt in Folge dessen in vielen Fällen auch sehr rasch Lidkrampf und Lichtscheu. Ich habe wenigstens bei keiner anderen Therapie in dieser Beziehung solche Erfolge gesehen, namentlich bei scrofulösen Kindern. Es stimmen diese Erfahrungen ja auch vortrefflich zu den von Ehrlich mit Methylenblau bei innerlicher Anwendung gemachten überein und sind auch physiologisch leicht durch die Nervenfärbung zu erklären.

Auch meine bei Keratitis parenchymatosa gemachten Beobachtungen, die wohl Anfangs Misstrauen erregt haben, haben in den Mittheilungen von Pedrazzoli eine volle Bestätigung erhalten. Auch v. Hofmann sah Aufhellung bei Keratitis parenchymatosa.

Da ich gezeigt habe, dass die unverletzte Hornhaut zich nicht färbt und man bei der Behandlung der Keratitis parenchymatosa einfach darauf zu rechnen hat, dass die in

---

[1] Deutsche med. Wochenschr., 1890, No. 24.

dem thierischen Gewebe eingebettete mehr isolirte Zelle den
Farbstoff fester halten wird, so kommt in Frage, ob man
nicht in hartnäckigen Fällen die Cornea leicht mit einer Iris-
lanze anzustechen und dann erst das Pyoctanin aufzuträufeln
habe, weil eine Cornea, deren Epithel verletzt ist, sich intensiv
färbt, wenn auch nicht für lange Zeit. Ich habe dies bisher
noch nicht zu versuchen Gelegenheit gehabt, würde aber vorkommenden Falls mich kaum bedenken.

Was nun endlich die inneren Augenkrankheiten, wozu
auch die verschiedenen Formen der Iritis zu zählen sind,
anlangt, so sind meine Beobachtungen, so fremdartig sie für
mich selbst und Andere gewesen sind, dennoch auch bereits von
angesehenen Fachgenossen mir bestätigt worden.

Adolf Weber theilt mir mit, er «glaube mit Bestimmtheit eine gute Wirkung des Mittels bei Iritis serosa mit
Schollen- und Beschlagsbildung auf der hinteren Wand der
Cornea und graulich diffusen Trübungen im vorderen Glas-
körperraum gesehen zu haben. Hier hat das Pyoktanin,
aureum wie caeruleum, sichtlich mehr geleistet als alle anderen
von mir angewandten, äusserlichen wie innerlichen Medi-
camente.» v. Hofmann behandelte einen schweren Fall von
Iritis serosa mit aufgehobener Vorderkammer und Schwarten
auf der Iris, so dass letztere nicht mehr sichtbar war. Die
Schwarten verschwanden, so dass die Iristextur wieder vollkommen sichtbar wurde. Dauer der Behandlung 2 Monate,
täglich 2 Tropfen blau und gelb abwechselnd, die Schwarten
bestanden seit $1^1/_2$ Jahren.

Das Andere solche Erfolge nicht gesehen haben, ist
sehr natürlich. Ich muss hier wiederholen was ich oben

gesagt habe. Ich habe jene Fälle nicht angeführt, um zu behaupten, dass man nun einen jeden Fall von Chorioiditis disseminata, Iris serosa oder sympathischer Ophthalmie ohne Weiteres heilen könne, sondern nur dass dies möglich sei, wenn man den aufgestellten Grundsätzen gemäss die Methode ausbilde.

Was zunächst die verschiedenen Formen der Iritis anlangt, so wäre es doch in der That nicht zu verwundern, wenn wirklich ein Mittel, welches in die Iris mit Leichtigkeit diffundirt und dabei eine viel grössere antibacterielle Wirkung als Sublimat besitzt, dort krankheitserregende Organismen zu schädigen im Stande wäre. Wenn vor einiger Zeit Gallenga vorgeschlagen hat, bei sympathischer Ophthalmie starke Sublimatlösungen einzuträufeln und Deutschmann diesen Vorschlag rationell findet, so ist doch gewiss die Anilintherapie noch rationeller. Wenn das Anilin aber in die Iris dringen kann, so kann es auch in die Chorioidea kommen. Demungeachtet kann es doch nur dann helfen, wenn der Process noch nicht abgelaufen ist, oder wenn in der Chorioidea selbst keine besonderen Hindernisse vorhanden sind, die sich der Abtödtung der Bacterien entgegensetzen, was bei unseren unvollständigen Kenntnissen sich im einzelnen Falle der Beurtheilung entzieht. Ich kann nur sagen, dass ich meine früheren Angaben in Bezug auf die Chorioiditis in einem weiteren Falle bestätigt gefunden habe. In anderen Fällen ist vielleicht die Sclera zu dick, oder sie war in meinen Fällen sehr dünn. Später, wenn unsere bacteriologischen und physiologischen Kenntnisse grösser sind, wird man auch vielleicht lernen, die Fälle genauer zu beurtheilen, und es wird sich dann vielleicht darum handeln, Injectionen unter die Conjunctiva zu machen, da diese ja immer eine nicht unbeträchtliche Menge des Farbstoffes zurückhalten wird.

Ich habe, wie gesagt, nur die Möglichkeit der Wirksamkeit in solchen Fällen darthun wollen, die Ausbildung der Methode muss der gemeinsamen Arbeit und der Zukunft überlassen bleiben.

Bei Iritis wird es sich künftig, wenn sich auch Andere in einer grösseren Zahl von Fällen von der Richtigkeit meiner Angaben überzeugt haben, auch darum handeln, die Kammer zu eröffnen und Anilin direct hineinzubringen, z. B. bei schwerer eiteriger Iritis und sympathischer Ophthalmie. Man wird dies nicht gleich versuchen, sondern in sonst sicher verlorenen Fällen erst machen, um die Wirkung zu beobachten. Ebenso sollte man für andere Krankheiten, z. B. Granulosa verfahren.

Wenn also auch etwas weniger als für Medicin und Chirurgie, so ist doch auch für die Ophthalmologie die ganze Sache noch in statu nascenti. Zunächst bringt sie für den Arzt mehr Arbeit als Erleichterung, aber alle bisherigen in der kurzen Zeit gesammelten Erfahrungen berechtigen mich wohl zu der Ueberzeugung, dass die von mir erregten Hoffnungen keine enthusiastischen gewesen sind, wie mir von verschiedenen Seiten vorgeworfen ist. Die practischen Resultate werden den Voraussetzungen entsprechen, wenn die neue Methode wissenschaftlich durch gemeinsame Arbeit Aller, die an solchen Forschungen Freude finden und sich nicht mit oberflächlichen Prüfungen genügen lassen, durchgebildet wird.

Sée und Moreau[1]), welche sowohl theoretisch wie practisch ähnliche Versuche wie ich angestellt haben, haben dieselben ebenfalls bestätigt. Obenein haben diese Forscher kein reines Methylviolett angewandt, sondern Safranin und Malachitgrün, welche beiden Stoffe nach meinen früheren mit meinem botanischen Mitarbeiter ausgeführten Untersuchungen sich weder in Bezug auf ihre antibacterielle Wirkung, noch ihre physikalischen Eigenschaften dem blauen und gelben Pyoktanin an die Seite stellen können.

Bei Hautkrankheiten liegen bezüglich der Eczeme schon günstige Erfahrungen vor. v. Hofmann hatte glänzende Erfolge dabei zu verzeichnen.

In Bezug auf venerische Affectionen ist das Pyoktanin von Petersen[2]) geprüft worden, der vortreffliche Resultate erhalten und auch das Jodoform bereits durch das Pyoktanin ersetzt hat. Petersen bestätigt ebenso die gute Wirkung bei Augenleiden, Conjunctivitis, Keratitis, Iridocyclitis.

In der Thierheilkunde scheinen die Erfolge sehr gut zu sein. Bei Maul- und Klauenseuche hatte Dr. Merck in Darmstadt gute Resultate. Nach Bestreichung der erkrankten Partien mit Lösungen von 1 : 500 waren nach 24 Stunden keine Krankheitserscheinungen mehr zu constatiren.

Ich selbst habe sehr gute Erfolge bei der Saprolegniakrankheit der Fische erzielt, wovon ausführlicher zu reden hier jedoch nicht der Ort ist.

---

[1]) Médecine moderne, Juli 1890.
[2]) Petersb. Medicin. Wochenschr., Juli 1890.

Die bisher dargestellten Präparate, deren Zahl sich wohl bald noch erheblich vermehren wird, sind folgendermassen zu dosiren und anzuwenden:

1. **Substanz.** Bei offenen grösseren Wunden und Geschwüren. Es muss so viel aufgestreut werden, bis sich ein fester Schorf bildet, der der spontanen Abstossung zu überlassen ist.

2. **Grosse Stifte.** In der kleinen Chirurgie der täglichen Praxis, bei Nagelbettentzündungen, kleinen eiternden Wunden und Geschwüren, Brandwunden von nicht zu grosser Ausdehnung, durchgeriebenen Hautstellen und dergleichen, anzuwenden. Die Bestreichung der kranken Fläche mit dem vorher befeuchteten Stift ist so intensiv zu machen, dass sich eine violette (oder gelbe) feste Decke bildet; unter Umständen genügt eine einmalige Sterilisation nicht und ist dieselbe zu wiederholen.

Bei einfachen Hautabschürfungen und dergleichen genügt der gelbe Farbstoff (Auramin), für eiternde Wunden, Geschwüre etc. ist jedoch der blaue Stoff, der viel grösseren antiseptischen Wirksamkeit halber, vorzuziehen.

3. **Kleine Stifte.** Hauptsächlich in der augenärztlichen Praxis zur Sterilisation von Hornhautgeschwüren etc. anzuwenden. Auch hier ist im Einzelfalle zu ermitteln, ob eine wiederholte Sterilisation nöthig ist.

4. **Streupulver.** In der Augenheilkunde 1 p. M. bei leichten Conjunctivalerkrankungen, bei schweren (Blennorrhoe) das 2 procentige blaue Pulver. Die Streupulver können bei Affectionen der Nasenschleimhaut (Schnupfpulver) mit gutem Erfolg gebraucht werden, auch bei abgeriebenen Hautstellen, kleinen Brandwunden und dergleichen.

5. Salbe. In der Regel 2 %, nach Bedürfniss stärker, bis 1 : 10 bei Blepharitis ciliaris, Eczemen und dahin gehörigen Affectionen anzuwenden.

6. Lösungen. 1 p. M. bis 1 % unter Umständen in der Augenheilkunde. Für leichtere Affectionen, wie nicht stark eitrige Conjunctivalkatarrhe, ist der gelbe Stoff vorzuziehen, da die Kranken bis jetzt übereinstimmend angeben, dass derselbe eine sehr angenehm kühlende Wirkung ausübe. Je nach der Beschaffenheit des Falles sind Einträufelungen ein- oder mehrmals täglich vorzunehmen. Auskrystallisirte Lösungen müssen filtrirt werden.

Die Lösungen zersetzen sich binnen einiger Zeit am Lichte. Sie sind daher in dunklen Gläsern aufzubewahren und ausserdem etwa alle acht Tage zu erneuern. Man erkennt sehr leicht bei Einträufelungen in das Auge, wenn die Färbekraft abgenommen hat, und damit erkennt man die beginnende Zersetzung. Die Nichtberücksichtigung dieses Umstandes trägt gewiss die Schuld an manchen Miss- und Nichterfolgen, und zwar in erster Linie an augenärztlichen.

E. Merck hat für chirurgische Versuche noch andere Präparate auf meine Vorschläge hin dargestellt, wie Stäbchen, die den Jodoformstäbchen entsprechen, ferner Bougies und Antrophore, deren geeignete Anwendung meiner Ueberzeugung nach bei systematischem Vorgehen zu guten Resultaten führen wird.

Die Receptformeln sind die denkbar einfachsten.

1. Lösungen.

Rp. Pyoktan. caerul. (1 : 1000) 5,0—7,0.
Rp. Pyoktan. aur. (1 : 1000) 5,0—7,0. Ds.

2. Salben.

Rp. Pyoktan. caerul. 0,10.
Vaselin 10,0. Mf. u. Ds.
Rp. Pyoktanin. aur. 0,10.
Vaselin 10,0. Mf. u. Ds. Nach Bedarf stärker bis zu
Rp. Pyokt. caerul. 1,0.
Vaselin 10,0. Mf. u. Ds. Ebenso das aureum.
Ferner: Pulv. Pyokt. caer. od. aur. S. Streupulver.

Was die Pyoktaningaze anlangt, so ist dieselbe mit 1 pro Mille imprägnirt und nur für den Wundabschluss bestimmt. Will man eine der Jodoformgaze analoge Pyoktaningaze haben, so muss man Gaze mit der reinen Substanz imprägniren.